Volker Surmann (Hrsg.)

MACHT SEX SPASS?

Volker Surmann (Hrsg.)

MACHT SEX SPASS?

- ☐ Ja
- ☐ Nein
- ☐ Vielleicht
- ☐ Weiß nicht

Geschichten

SATYR VERLAG

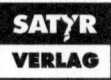

Volker Surmann

lebt seit 2002 als Exilostwestfale in Ostberlin. Er ist Kabarettist und Autor, Gelegenheits-Poetry-Slammer und Verleger. Er schreibt für das Kabarett »Die Stachelschweine« ebenso wie für »Titanic« und das schwullesbische Hauptstadtmagazin »Siegessäule«. Er liest bei der Lesebühne »Brauseboys« und hat neben zahlreichen Anthologien für den Satyr Verlag zwei Solobücher veröffentlicht: den Roman »Die Schwerelosigkeit der Flusspferde« (Querverlag: 2010) und die autobiografische Geschichtensammlung »Lieber Bauernsohn als Lehrerkind« (Satyr: 2012). Ein zweiter Roman ist in Vorbereitung. www.volkersurmann.de

1. Auflage November 2012

© Satyr Verlag Volker Surmann, Berlin 2012
www.satyr-verlag.de

Cover: Markus Freise
Mitarbeit in Redaktion und Lektorat: Jan Freunscht
Druck: CPI Moravia
Printed in Czech Republic

Die Deutsche Nationalbibliothek verzeichnet diese Publikation in der Deutschen Nationalbibliografie; detaillierte bibliografische Daten sind im Internet abrufbar über: http://dnb.d-nb.de

Die Marke »Satyr Verlag« ist eingetragen auf den Verlagsgründer Peter Maassen.

ISBN: 978-3-9814891-7-0

Inhalt

I. Sex – Kann ich das auch kriegen?
Martina Brandl: Ja, oh, oh, ja, ja ja! 9
Kersten Flenter: Zwei Malerinnen 12
Xóchil A. Schütz: Wie ich das Deckelchen geworden bin 17
Christian Ritter: Romeo must live 20
Sven Stickling: Die Ursel von der Venus 24
Micha-El Goehre: Auf der Suche nach Mr. Wrong 28
Sacha Brohm: Du willst also eine Nacht mir mir verbringen.
Ein Ratgeber 32

II. ... und wie fängt das an?
Jacinta Nandi: Die Aufklärung 36
Martin »Gotti« Gottschild: Mein erster Kuss 41
Dan Richter: Maria Peres 46
Ahne: Im langsamen Jahr 55
Benjamin Bäder: Möglicherweise ganz normaler Sex 59
Jess Jochimsen: Sex an der B 12 62
Volker Surmann: 39 Sekunden. Oder: Der blaue Junge 65
Georg Weisfeld: Das Jubiläum 71

III. Wie ist das dann so?
Sabrina Schauer: Toyboy 74
Peter Parkster: Stalingrad 81
Petra Brumshagen: Die Borowski 86
Paul Bokowski: Der Schwabe 91
Birgit Süß: Und dann gab es da Jean Pierre 95
Alexander Bach: Ficken wie ein Weltmeister 102
Volker Surmann: Sex zu ungewöhnlichen Temperaturen 107

IV. Ist das nicht ganz schön kompliziert?

Joey Juschka: Auf Bestellung 112
Mischa-Sarim Vérollet: Menschen, die Mitesser ausdrücken wollen. Bei mir. 118
Kathrin Passig: Alles halb so wild 122
Joachim Zawischa: Verkaufsoffener Sonntag 128
Karsten Lampe: Mein Penis 132
Volker Surmann: Unerwartetes Bekenntnis eines langweiligen Mannes 137
Kali Drische: LBD 143
Sarah Bosetti: Er und Sie 147

V. ... und wenn jemand was mitkriegt?

Tilman Birr: Ich höre fickende Menschen 150
Thilo Bock: Es liegt was in der Luft 154
Andreas Weber: Action Andy und das Geheimnis der schreienden Katzenbabys 158
Isabella Renitente: Beim nächsten Mann wird alles anders ... 162
Heiko Werning: Zelten an der Müritz 168
Gerlis Zillgens: Nach(t)bar 173

VI. Brauche ich dazu etwa Fantasie?

Sebastian Lehmann: Freud 177
Jan Gympel: Zeit bis halb sechs 180
Sascha Delitzscher: Das Kuschelsex-Syndrom 185
Lea Streisand: Romanmädchen 188
Felix Jentsch: Der Arbeitsplatz 192

VII. Wozu ist Sex denn sonst noch gut?

Michael Jakob: Die K-Frage 199
Nico Walser: Intim mit dem Yoga-Mann 202
Robert Rescue: Ein Akt der Freundschaft 208
Andy Strauß: Streiten und Zeugen 215

Björn Högsdal: Quickies 40/65/149/214

Die Autorinnen & Autoren/bibliografische Notizen 219

Vorwort

Liebe ist die Antwort, aber während man auf sie wartet, stellt der Sex ein paar ganz gute Fragen. (Woody Allen)

Liebe Leserin, lieber Leser!

Sex. Nur drei Buchstaben, die es im Scrabble auf runde zehn Punkte bringen, doch verbergen sich hinter ihnen große Fragen, die die Menschheit umtreiben, antreiben, manchmal auch vertreiben. Beim Sex geht es also immer irgendwie ums »Treiben«. Das können wir schon mal festhalten.

Vor vielen Jahren erfuhr ich selbst von diesem Sex und stellte mir die Fragen, die Sie vielleicht auch gerade bewegen, die wohl jeden Erdenbürger mal beschäftigen: Sex – Was ist das? Was soll das? Kann ich das auch kriegen? Und was habe ich dann davon?

Einige dieser Fragen beantwortet man sich in der Pubertät selbst durch unwürdige Experimente am lebenden Objekt. Andere Fragen überfallen einen in den ungünstigsten Momenten: Da lernt man gerade schnaufenderweise Schlafzimmerdecke, Kopfkissenbezug, Bademattte oder das schwitzige Gesicht des Partners auswendig, und plötzlich öffnet sich ein Pop-up-Fenster der freiwilligen Selbstkontrolle und fragt: »Haben Sie eigentlich gerade Spaß? – Ja, nein, vielleicht, weiß nicht, oder wollen Sie die Anwendung beenden?«

Dieses Buch ist ein Aufklärungsbuch. Vierundvierzig Autorinnen und Autoren gehen der verbreiteten Auffassung nach, dass Sex Spaß mache. Anhand von sieben einfachen Fragestellungen werden Sie von ihnen an die Hand genommen und locker, unverkrampft und gelegentlich ein bisschen augenzwinkernd durch die Tücken menschlicher Sexualkontakte geleitet. Nach jedem Beitrag können Sie ankreuzen, welche Antwort auf die Grundfrage Sie favorisieren. Geben Sie jedem »Ja« drei Punkte, jedem »Nein« null Punkte, jedem »Vielleicht« zwei Punkte und jedem »Weiß nicht« einen Punkt und nutzen Sie nach der Lektüre diese kleine Auswertungshilfe:

Kategorie 1: 161 bis 180 Punkte: Sie haben keine Probleme. Sex macht Ihnen Spaß. Egal, was kommt, solange Sie kommen, und das tun Sie immer. Wahrscheinlich haben Sie bevorzugt Sex mit Pflanzen und/oder unbelebten Gegenständen.

Kategorie 2: 71 bis 160 Punkte: Sie haben eine gesunde Einstellung zum Sex. Meistens macht er Ihnen Spaß, manchmal auch nicht, und oft wissen Sie es nicht so genau, fühlen sich aber trotzdem hinterher besser. Sie sind die Zielgruppe dieses Buches, deswegen ist diese Kategorie auch unverhältnismäßig groß.

Kategorie 3: 21 bis 70 Punkte: Ihre Einstellung ist auch gesund, aber wahrscheinlich hat Ihnen das Buch nicht so gut gefallen wie *Kategorie-2*-Leser/-innen. Legen Sie es lieber weg und machen sich bewusst: In der Zeit, in der Sie eine negative Amazon-Rezension verfassen, könnten Sie ebenso gut umwerfenden Sex haben.

Kategorie 4: 0 bis 20 Punkte: Sie haben keinen Sex. Vielleicht bist du minderjährig, dann hättest du dieses Buch besser nie gelesen. Wenn Sie nicht minderjährig sind, kontrollieren Sie bitte, ob Sie dieses Buch wirklich gelesen haben. Wenn ja, rechnen Sie bitte noch einmal nach. Üben Sie Plus-Rechnen. Bleibt Ihr Ergebnis so, leben Sie wahrscheinlich mit einem Menschen der *Kategorie 1* zusammen. Dann kaufen Sie ihm lieber einen unbelebten Gegenstand und verlassen ihn. Es wird ihm nicht auffallen.

Sie sehen: Dieses Buch ist pure Lebenshilfe! Danken Sie daher mit mir allen Autorinnen und Autoren für ihre Beiträge sowie Jan Freunscht für seine wertvolle Hilfe bei Auswahl und Lektorat.

Ich wünsche Ihnen eine erkenntnisreiche Lektüre und beim Sex immer runde zehn Punkte!

Volker Surmann
Berlin, Oktober 2012

I. SEX – Kann ich das auch kriegen?

Martina Brandl

Ja, oh, oh, ja, ja ja!

Es muss einmal mit dem Mythos aufgeräumt werden, dass Männer triebgesteuerte Wesen sind, die Tag und Nacht auf Gelegenheiten warten loszuvögeln. Den Ständer immer im Anschlag. Da kommt es mir gerade recht, dass ich endlich eine Anfrage bekomme, darüber etwas zu schreiben. Zwar lautet die Frage »Macht Sex Spaß?« und nicht »Bekommt die Autorin genug davon?«, aber Geduld, Geduld. Wir sind erst beim Vorspiel. Und auch gleich beim Sexverhinderer Nummer 1: Billige, anzügliche Anspielungen. Wirkt abschlaffend. Man sollte gar nicht über Sex reden. Je mehr man drüber redet, desto weniger hat man. Ich weiß, dass das kein grammatikalisch vollständiger Satz ist, aber mein Hirn arbeitet auch nicht vollständig. Große Teile davon sind rund um die Uhr mit Gedanken an Sex beschäftigt. Ich habe ein Männerhirn. Frauen muss man überreden. Männer sind bereit. Selbst wenn sie gerade dabei sind, ein Heilmittel gegen Krebs zu erfinden, werden sie sich ohne Umstände den weißen Laborkittel vom Leib reißen, wenn frau sich nackt auf ihr Mikroskop setzt. Weil sie nicht mehr klar denken können, sobald man ihnen einen

Satz Brüste unter die Nase hält. Soweit die Zerrbilder der Traumfabrik und immer wieder öffentlich festgezurrten Klischees.

Meine Wirklichkeit sieht anders aus: Ich habe mein Dekolleté schon bei verschiedenen Gelegenheiten angeboten wie Schnittchen auf einer Vernissage. Nie hat einer der so angebaggerten Männer daraufhin gesagt: »Oh, was für schöne Brüste, darf ich die mal anfassen?«, sondern meistens: »Tut mir leid, aber ich musste einfach hingucken.« Und wenn man daraufhin ein anzügliches Lächeln aufsetzt und antwortet: »Das ist der Sinn der Sache!«, reiben sie sich nicht etwa die Hände und sagen lustvoll: »Na, was treiben wir dann noch hier?« Nein. Sowas tun Männer nur im Kino. Im wirklichen Leben werden sie verlegen, lächeln und wechseln das Thema. Nun denkt der gewitzte Leser vielleicht: »Die Alte hat bestimmt Schrumpeltitten, oder sie treibt sich auf den falschen Vernissagen rum.« Aber das stimmt nicht. Meine Titten sind stramm, formschön, neigen sich für mein Alter noch nicht zu weit Richtung Südpol und haben eine gute, handliche Größe: keine Erbsen, aber auch keine Melonen. Sie passen genau in eine mittelgroße Männerhand. Die linke ist etwas größer als die rechte. Es ist also für jeden etwas dabei. Was die Vernissagen angeht, so gebe ich zu, dass die steife Atmosphäre bei solchen Steh-Events nicht gerade aphrodisierend wirkt, aber ich habe dasselbe auch schon in Cocktailbars, auf Tanzflächen, am Sandstrand, in der Hotellobby, in der Wachholderheide und mit unterschiedlichen Körperteilen versucht.

Ich glaube, es liegt nicht an mir. Vielleicht war ich einfach nicht zur richtigen Zeit am richtigen Mann. Männer wollen nicht immer und überall. Manche wollen morgens, manche nur im Dunkeln. Und manche nicht mal zu Hause.

Das ist in Ordnung. Man soll mir nur nicht dauernd erzählen, es wäre anders. Sonst fange ich an, an meinen Titten zu zweifeln, und das sollte eine Frau niemals tun. Das lässt die Dinger nämlich schrumpfen und hinterlässt einen grauen Teint auf den ehemals rosigen Wangen. Deshalb mein Aufruf an die Leser dieser Zeilen: Wenn euch etwas gefällt, nicht nur den Daumen auf Facebook anklicken, sondern ruhig mal den Mund aufmachen: »Ich finde es schön, dass Sie mir jeden Morgen mit einem Lächeln die Brötchentüte über den Ladentisch reichen, und ich wünsche Ihnen auch einen schönen Tag!« oder »Ich mag das, hör nicht auf, mach weiter, ja, ja, oh ja!« oder eben auch mal »Übrigens, wenn ich das sagen darf, gnä' Frau: Das ist ein wunderschönes Dekolleté, das Sie da haben!«.

Wenn jemand einen Schweinsbraten und dampfende Knödel vor mir auf den Tisch stellt, sage ich doch auch: »Hmm ... das sieht ja lecker aus!« Auch wenn man gar keinen Hunger hat und es nur aus Höflichkeit geschieht. Manchmal kommt dann der Appetit beim Essen. Leider kann ein Mann jahrelang auf Sex verzichten, aber nicht aufs Essen. Daher habe ich schon überlegt, ob ich eine Art Übersprunghandlung provozieren kann, wenn ich mich zur nächsten Vernissage vorher mit Hähnchenfett einreibe. Um die eingangs gestellte Frage »Macht Sex Spaß?« zu beantworten, möchte ich noch hinzufügen: »Ja, aber bis man dahin kommt, ist es ein langer, fettiger Weg«. Oder vielmehr, um ehrlich zu sein: »Ich weiß es nicht«.

Kersten Flenter

Zwei Malerinnen

Es war Freitagnachmittag, ich saß am Rechner, tippte die Besprechung eines Romans und telefonierte nebenbei mit Sonja aus Leverkusen, als die E-Mail von Daniela aus Leipzig eintraf, die sich spontan für den morgigen Samstag ankündigte, um zwei Nächte bei mir zu schlafen. Das brachte mich in gewisse Schwierigkeiten, da ich am Sonntag zum ersten Mal seit sieben Wochen wieder Besuch von Stella aus Hamburg erwartete, die sich zwischenzeitig von mir getrennt hatte, da ich nicht so richtig von Ina aus Hannover lassen konnte, die ja immerhin noch meine Ehefrau war. Was würde Vanessa dazu sagen, die auf ihrem Weg von Berlin nach Ludwigshafen am Samstag ebenfalls bei mir zwischenstoppen wollte? Ich fühlte, es war Zeit, gewisse Entscheidungen nicht weiter hinauszuzögern. Also schaltete ich den Rechner aus, das Handy ab, zog den Telefonstecker aus der Wand und ging zu meinem Termin mit den beiden verrückten Malerinnen.

Die beiden verrückten Malerinnen waren professionelle Autodidaktinnen mit festen Halbtagsjobs, alleinerziehende Mütter und im besten Alter – undefinierbar. Beide waren redefreudig. Der

Rest war unterschiedlich. Helen war nach Maßstäben bundesdeutscher Tageszeitungen, die für unter einem Euro zu erwerben sind, blonder, Agneta war nach meinen Maßstäben verrückter. Aber ich war nicht wegen meines Maßstabes hier.

Die beiden Malerinnen hatten mein Klaus-Kinski-Rezitationsprogramm besucht und mich spontan eingeladen, ihr Atelier zu besichtigen, in dem sie großformatige Ölgemälde zu Filmen von Kinski ausstellten, und sie gaben vor, die Chancen auf einen gemeinsamen Event mit Malerei und Literatur ausloten zu wollen.

»Prosecco?«, fragte Helen und stieß zufällig mit der Flasche auf ein Buch vor ihr auf dem Tisch. »Oh, kennst du das hier übrigens? Eine erotische Anthologie. Ups, da vorn ist ja noch meine Wichsvorlage drin.« Sie zeigte mir ein Foto von Robbie Williams mit freiem Oberkörper und lächelte süffisant. »Möchtest du mal unser Atelier sehen?«

»Ich dachte, ich wär gerade mittendrin?«

»Da gibt es noch ein paar Nebenräume«, erklärte Agneta. Die gab es.

»Und das hier ist unser kleiner Raum für dies und das«, zwinkerte mir Helen zu. Ich sah die Gänsefüßchen deutlich durch das Zimmer schweben. Der kleine Raum für dies und das beherbergte ein rotes Sofa und einen wandgroßen Spiegel. Agneta öffnete eine neue Flasche Prosecco. Ich ließ sie nachschenken. »Wie heißt das Bild hier?«, lenkte ich ab und deutete auf ein Acrylgemälde an der Wand. Es zeigte einen Mann, der irgendwie Til Schweiger erahnen ließ und mit dem Rücken zum Betrachter, nur mit einer Schürze bekleidet, an einer Spüle stand. »Eros und Küche«, sagte Helen. »Interessant«, log ich. Da lag etwas Unaussprechliches in der Luft, ich fühlte es deutlich in meinen nicht mehr ganz so robusten Lenden.

»Ich führ dann mal den Hund aus«, sagte Helen und ging mit dem Dalmatiner hinaus.

»Jetzt kannst du dich ausziehen«, erklärte mir Agneta, und ich zog mich aus. Während ich die FDP-Retroshorts und die Socken mit der blauen Elise drauf abstreifte, überdachte ich mein Frauenbild.

Ich war einundvierzig Jahre alt, konnte mir also hemmungslos eine ausgewachsene Mittlebenskrise zugestehen. Trotzdem gab ich mich vor neuen Bekanntschaften meistens für neununddreißig aus und gestand ihnen Minuten, Stunden, manchmal auch Wochen zu, um mich schön zu trinken. Die Frauen freilich, die mehrere Wochen dazu benötigten, trafen mich in der Regel in Phasen an, in denen ich selbst mindestens genauso lange durchgehend betrunken war, und entsprechend ausgeprägt niederschmetternd war in der Ernüchterung mein Unterscheidungsvermögen im Hinblick auf Liebe und Sex, schlechte Liebe und guten Sex oder gute Liebe und schlechten Sex zu beobachten. Wenn Sie den letzten Satz nicht verstanden haben, trösten Sie sich – Sie sind nicht allein.

Mittlerweile hatte mich Agneta unter Zuhilfenahme allerlei zufälliger Berührungen in die richtige Position gebracht, um ihr Modell zu stehen. Ich sah sie an und merkte, dass ich hier nicht beim Hausarzt war. »Wenn du dich unwohl fühlst, kann ich mich beim Malen auch ausziehen«, schlug Agneta vor. »Alles okay«, antwortete ich selbstbewusst, und um die unvermeidliche Erektion zu vermeiden, stellte ich mir das Schlafzimmer von Ronald Pofalla vor. Gleichzeitig beschloss ich, dass, wenn die Vorstellung von Ronald Pofallas Schlafzimmer nicht ausreichen sollte, ich mich sofort fragen würde, warum ich überhaupt auf die Idee gekommen war, mir Ronald Pofallas Schlafzimmer vorzustellen. Heiland, was war ich reflektiert. An eine Erektion war überhaupt nicht mehr zu denken, und das war auch gut so.

Agneta erwies sich während des Aktes als sehr professionell. Sie erklärte mir zwischen großflächig gezogenen Pinselstrichen, dass sie meine Nervosität gut kenne. Seit ihrem ersten gemeinsamen Kunstprojekt, der Modulation von Gipspimmeln, seien die beiden Malerinnen mit den mechanischen Komplikationen der männlichen Geschlechtsorgane durchaus vertraut, ich solle mir keine Sorgen machen. Schließlich sei das Ergebnis, das wisse ich doch sicher aus der Literatur, reine Fiktion, und auch Zwerge könnten, wie schon Karl Kraus absonderte, beim richtigen Stand der Sonne lange Schatten werfen. Die Kenntnis von Licht und

Schatten, behauptete ich schlagfertig, sei für die Produktion von Kunst, egal in welcher Disziplin, unerlässlich, und manchmal strebten halt auch Zwerge nach der Sonne.

Agneta schaute von der Leinwand auf und kam mit ausgestrecktem Pinsel auf mich zu. Mir wurde bange. Ihr Blick verfinsterte sich. »Metaphern, mein lieber Freund«, sagte sie, »sind hier völlig fehl am Platze. Um Fiktion zu produzieren, brauche ich Authentizität!«

»Häh?!«, machte ich.

»Lass einfach los. Lass es geschehen! Benimm dich, als wäre dies ein ganz normaler Abend. Stell dir vor, du sitzt zu Hause vor dem Fernseher.«

»Das wäre aber nicht normal«, sagte ich.

»Dann stell dir eben etwas anderes vor.«

»Ronald Pofalla!!!«, schrie ich. In dem Moment kam Helen mit dem Dalmatiner herein. Agneta ergriff meinen Schwanz. »Sorry, ein Reflex«, entschuldigte sie sich.

»Kommt ihr voran?«, fragte Helen, als sie dem Hund den Napf gefüllt hatte und auf uns zukam. »Er ist ein wenig träge an Verstand, aber süß«, sagte Agneta. Ich fühlte mich benutzt.

»Ich glaube, ihr wollt nur vögeln«, schmollte ich.

»Falsch«, sagte Helen. »Wir wollen einfach ganz lustig und schmutzig ficken.«

»Warum habt ihr das nicht gleich gesagt?«, wunderte ich mich.

»Zieh dich an!«, befahl Helen.

»Wieso?«, entfuhr es Agneta mit kieksiger Stimme.

»Weil er sonst nichts zum Ausziehen hat. Ich möchte subtil erregt und verführt werden.«

»Helen, er ist ein Mann. Erwarte keine romantisch-erotischen Verrenkungen von ihm«, seufzte Agneta.

»Ich erwarte gar nichts außer einer kompletten Unterwerfung seinerseits unter meine Gelüste. Er ist zu unserem, nicht zu seinem Vergnügen hier.«

»Glaub ich dir nicht«, konterte Helen. »Du willst nicht im Ernst einen, der tut, was du willst.«

»Was meinst du, wozu ich mir den Dalmatiner angeschafft hab?«

Während die beiden weiter diskutierten, ging ich hinüber zum Til-Schweiger-Gemälde. Ich fühlte mich gleichzeitig benutzt und ausgeschlossen. Intensiv betrachtete ich die Küchenszene auf dem Bild. Angesichts der Schürze überkam mich eine leichte Demut. Sicher war der frühe Verlust meiner Mutter in der Kindheit die tiefere Ursache meiner neuen Unübersichtlichkeit in sexuellen Ausschweifungen. War es Zeit, sich umzuorientieren? Frauen waren wirklich schwierig. Das hatte mir schon mein Vater gesagt, damals am Lagerfeuer, über dem wir eine Dose Bohnen erhitzten, während meine Mutter sich mit den Stangen und Planen unseres Familienzeltes abplagte. Das ist lange her, aber ich erinnere mich noch gut an die Zeit, die guten alten Siebzigerjahre, als Ingrid Steeger die erotischste Frau der Welt war und Malerei sich auf das Abbild eines kleinen, unschuldigen Sees inmitten eines Tannenwaldes, selbstverständlich in einem Rahmen aus Nussbaumholz, beschränkte. Ich bin mir sicher, dass meine Eltern niemals Sex hatten, bis auf dieses eine, verdammte Mal.

»Ich finde, das Bild braucht einen Rahmen«, sagte ich. Daraufhin warfen mich die beiden Malerinnen raus. »Typisch Mann!«, rief mir Helen hinterher.

Macht Sex Spaß?
☐ Ja
☐ Nein
☐ Vielleicht
☐ Weiß nicht

Xóchil A. Schütz

Wie ich das Deckelchen geworden bin

Man sagt ja so: Auf jedes Töpfchen passt ein Deckelchen. Ich will das Deckelchen sein. Aber weil man das eben so sagt, glaube ich auch, dass ich zum Heiraten geboren bin. Und zwar so schnell wie möglich.

Gestern war ich mit einem Freund in einer Kneipe. Da saßen drei Frauen und haben rumgegackert, um alle Männer im Raum auf sich aufmerksam zu machen. Das hat geklappt. Also setze ich mich nun in dieselbe Kneipe. Irgendwie bloß alleine. Meine Freundinnen finden das Konzept nicht so gut oder wollen gar nicht heiraten. Ich sitze an der Bar, vor meinem dritten Mojito, und hab noch nicht angefangen. Ich muss endlich testen, wie sich das anhört, wenn ich gackere.

Mist. Es klingt nicht wie ein junges Hühnchen. Eher wie ein Freilandhuhn, das Nitrofen gegessen hat. Ich fange an, schrill zu lachen. Alle gucken. Super! Das läuft doch gut an hier. Hm, aber die meisten Männer haben etwas Eigenartiges in ihrem Blick. – Wahrscheinlich gucken Männer so, wenn sie gerade ganz heiß werden.

Ja, das muss es sein. Claudi hat mir auch erzählt, dass Theo sie auf eine besondere Art angucke, also bevor die beiden halt ... – Ich gackere noch einmal fröhlich und bestelle einen doppelten Wodka. Wodka macht mich irgendwie selig, und das ist himmlisch.

Ja, jetzt bin ich so ganz himmlisch verführerisch. Jetzt werde ich mal ein bisschen auf die Theke gucken, so als wär'n die mir alle egal.

Ich glaube, es kommt grad keiner her, weil sie sich nicht einigen können, wer darf. Die haben bestimmt Angst vor einer Schlägerei. Pah! Sowas sind doch Weicheier! – Ach nee, die wissen, dass jetzt Damenwahl ist. Die Emanzipation hat also echt funktioniert.

Ich schau jetzt mal wieder hoch. Welchen soll ich denn nehmen? Irgendwie haben die alle verschwommene Gesichter. Also sie schwanken irgendwie alle hin und her. Na, die werden zu viel getrunken haben. Das kann ich dem Prinzen, den ich mit nach Hause nehme, ja abgewöhnen. Ich glaub, ich nehm den gleich neben mir. Der sieht irgendwie noch am klarsten aus. Ich proste dem mal zu und schau dem tief in die Augen.

»Na, kleiner Prinz, soll ich dich heut Nacht bekrönen?«

Also wenn ich nicht wüsste, dass der so guckt, weil er grade ganz heiß auf mich ist – ich würd ja denken, er sieht angewidert aus. Komisch, was sich der liebe Gott so ausgedacht hat für's Zusammenkommen der Menschen. Aber da kann mein Prinz ja gar nichts für, nein, gar nichts.

»Na du, da hab ich dir ganz die Sprache verschlagen, was du?«

Er guckt weg. Wahrscheinlich kann der einfach nicht glauben, dass ich ihn wirklich will. Ich werde ihm das noch mal besser zeigen müssen.

Ich gucke ihm zwischen die Beine.

Boah, sieht das gut aus.

Ich glaub, das sieht immer besser aus! Der muss ja einen mega... – Bestimmt einen halben Meter! Ich strecke meine Hand aus und fass da mal hin.

»Du Schlampe! Fass meinen Freund nicht an!«, kreischt plötzlich eine ganz schreckliche Stimme.

Was ist denn hier los? Streiten sich da welche? Na, das interessiert mich jetzt nicht. Ich will lieber mal ein bisschen streicheln. Dann glaubt mein Mann bestimmt auch, dass ich es ehrlich ernst meine.

»AUA! Aua. Du, du was schlägst du mir ins Gesicht, du doofe Sau?!«

Die Frau, die mich geschlagen hat, geht einfach mit meinem Prinzen weg!

»Das ist mein Mann!«, brülle ich ganz, ganz laut, aber die gehen einfach weg! Warum ist der jetzt weg? Ich bin doch sein Deckelchen!

Irgendwie trinke ich noch ein paar Wodka.

»Wo ist mein Töpfchen?«, sag ich zu der Frau hinter der Theke.

»Klo ist dahinten«, sagt sie.

Klo. Ach so. Gut ... Da geh ich mal vorsichtig hin jetzt.

So. Da.

»Hallo Prinzchen«, sag ich zu dem Töpfchen und zieh mir ganz langsam das Kleidchen hoch. »Ich bin dein Krönchen! Jetzt werd ich dich bedeckeln!«

Und dann setz ich mich drauf auf meinen Mann, und dann muss ich erst mal ein bisschen schlafen.

Macht Sex Spaß?
☐ Ja
☐ Nein
☐ Vielleicht
☐ Weiß nicht

Christian Ritter

Romeo must live

Ab und an, nur so, um mich vom schlimmen Alltagsstress abzulenken, logge ich mich bei GayRomeo ein.

GayRomeo ist ein Dating-Portal, oder, für jeden verständlich ausgedrückt, so etwas wie eine Suchmaschine für Männer. Man kann eingeben, wie der Traummann so sein soll – Alter, Größe, Gewicht, Körperbau, Haarfarbe, Party Animal oder mehr so der häusliche, väterliche Typ etc. –, und ein paar Sekunden später hat man einige hundert passende Vorschläge auf dem Bildschirm. Mit denen kann man dann chatten oder sich verabreden oder ihnen sagen, dass die Bilder von ihren Autos, Haustieren oder Penissen in ihren Profilen ganz hübsch sind.

Einen Neuling kann die im Chat vorherrschende Fachsprache etwas verwirren. Steht da zum Beispiel »DWT sucht TV für das volle NS-Programm«, dann heißt das nicht etwa, dass ein Druckwellentechniker einen Fernseher sucht, um sich Nazi-Dokumentationen anzusehen, »DWT sucht TV für das volle NS-Programm« heißt vielmehr korrekt übersetzt »Damenwäscheträger sucht Transvestiten für das volle Natursekt-Programm«, in anderen Worten, um sich freudig gegenseitig anzupinkeln.

Zwischen den immer gleichen ersten Messages wie »Hi«, »Hi, wie geht's?« und »Hi, wie geht's? Grade geil?« ploppt manchmal auch Überraschendes auf.

Neulich war ich online und gerade im Gespräch mit einem Typen namens *I-have-a-big-one*, wir diskutierten über die Finanzkrise, da ploppte unversehens eine Message von einem User namens *Bettvorleger* auf. Inhalt: »Möchtest du auf mir rumlaufen?«

Und ich dachte: Warum? Und ich dachte weiter: Auf GayRomeo ist die Antwort auf die Frage »Warum?« eigentlich immer »Weil ich es geil finde«.

Ich schrieb ihm: »Warum?« Er schrieb zurück: »Weil ich es geil finde.«

Plopp. *Reitstiefelgraf* fragt, ob er meine Füße lecken darf.

Plopp. *Lausbub56* lädt mich zu einer Spankingparty in seinem Keller ein.

Plopp. *Pretty_Papa* lädt mich zu einer Poppersparty in Potsdam ein.

Plopp. *ToniG* schickt mir ungebeten fünfzehn Bilder von seinem Penis.

Plopp. *Schwoolio* will, dass ich ihm Kochsalzlösung in seine Hoden injiziere.

Plopp. *Bettvorleger* fragt erneut, ob ich auf ihm rumlaufen möchte. Ich gebe ihm meine Adresse.

Er wird ohnehin nicht glauben, dass es meine echte Adresse ist, das ist einfachste umgekehrte Psychologie.

Plopp. *Rotenburg_Reloaded* fragt, ob wir zusammen kochen wollen.

Plopp. *Bettvorleger* schreibt, er glaube mir nicht, dass das meine echte Adresse sei. Aber er komme jetzt einfach mal vorbei. Dann ist *Bettvorleger* plötzlich offline. Ich bekomme Angst.

Zwanzig Minuten später ist er da. *Bettvorleger* ist höflich und gut gekleidet, aber er ist ziemlich alt, weit über vierzig, und sieht aus wie Franz Josef Wagner. Wer nun Franz Josef Wagner nicht kennt: Der sieht aus wie Gérard Depardieu in klein, nur noch versoffener und viel faltiger. Wenn man einem Kind die Aufgabe gäbe: »Mal eine besonders hässliche Hexe«, käme immer ein Bild dabei heraus, das Franz Josef Wagner ähnlich sähe.

Weil ich aber kein unhöflicher Mensch bin, bitte ich den Bettvorleger herein, biete ihm ein Heißgetränk an und verschwinde kurz in der Küche, um es zuzubereiten. Als ich mit zwei wohlig dampfenden Tassen zurückkehre, liegt er schon mit dem Bauch nach unten nackt auf dem Boden und sagt: »Ich bin dein Teppich.«

Weil ich es noch nie gemacht habe und doch etwas neugierig bin, laufe ich über ihn drüber. Fühlt sich gar nicht so schlecht an, wie eine Hüpfburg irgendwie. Am Rücken sinke ich leicht ein, verschütte den Kaffee ein wenig. Ihm gefällt das anscheinend, wie sein leises Freudenwinseln nahelegt.

Es klingelt. Ich lasse Teppich Teppich sein und schaue nach, wer da ist. Ein sehr großer, stämmiger Typ, etwas stark geschminkt und offensichtlich gebotoxt. Er sieht so aus, wie Frauke Ludowig aussehen würde, wenn sie ein Mann wäre. Ich frage nach seinem Begehr.

»Guten Tag, ich bin Herrke Ludowig. Wir haben uns mal bei GayRomeo kennengelernt, und du hast mir deine Adresse gegeben. Ich wollte deine Füße lecken und deine Wohnung putzen. Darf ich?« Erst will ich ihm die Tür vor der Nase zuschlagen, dann bedenke ich den Zustand meiner Wohnung. Schon alles leicht verdreckt, bis auf den neuen Teppich. Ich bitte Herrke Ludowig herein. Wir vereinbaren, dass er mir zunächst zwanzig Minuten lang die Füße leckt, dabei seine Hose anbehält und hinterher die Wohnung ordentlich durchswiffert.

Herrke Ludowig bittet mich, Platz zu nehmen. Ich lege die Füße hoch und nehme mir eine Zeitschrift zur Hand. Herrke Ludowig beginnt, meine Füße zu lecken. Er macht das eigentlich ganz gut, es kitzelt ein wenig, ab und an stoppt er und sagt so was wie »Oh ja, geil, Füße«.

Gerade als er einmal besonders laut »Oh ja, geil! Füße!« schreit, klingelt es wieder an der Tür. Da sowohl ich als auch Herrke gerade beschäftigt sind, gebe ich dem Bettvorleger den Befehl zu öffnen. Er denkt nicht daran, sich dafür zu erheben, und robbt Richtung

Eingang. Dort angekommen, reckt er den Arm nach oben, zieht an der Klinke und begibt sich sogleich wieder zurück in die Teppichposition. Die Tür schwingt auf. Der neue Besucher betritt die Wohnung.

»Guten Tag, ich komme von der Firma Vorwerk, ich würde Ihnen gern unser neustes Staubsaugermodell vorführen. Enorme Saugkraft! Ideal für widerspenstige Teppiche.«

»Geil«, sagt der Teppich.

»Ja gerne, machense mal«, sage ich.

Herrke Ludowig sagt gar nichts, seine Zunge verharrt seit Längerem zwischen meinem rechten Zeige- und Mittelzeh.

Ich befinde meine Füße ohnehin für ausreichend sauber geleckt und zeige Herrke Ludowig, wo der Wischmopp steht. Der Staubsaugervertreter schmeißt unterdessen sein Gerät an und führt als Erstes den Aufsatz für die Sofaritzen vor. *Bettvorleger* gefällt das.

Da nun alle irgendwie beschäftigt sind, komme ich mir in meiner Wohnung überflüssig vor. Ich lasse den dreien ihren Putzspaß, gehe nach draußen, laufe etwas durch die Gegend und frage mich schließlich, was ich eigentlich tun soll, so allein, bis die Wohnung auf Vordermann gebracht ist. Wird ja noch ein Stündchen dauern. Ich laufe ziellos weiter, und plötzlich kommt mir ein Straßenname eigentümlich bekannt vor. Ja, jetzt weiß ich wieder.

Ich suche Hausnummer 62, den vertrauten Namen am Klingelschild und läute. Es klackt in der Gegensprechanlage: »Ja bittchen?«

Ich räuspere mich und stelle mich vor: »Hallo, hier ist *Writerboy29forever*. Du hast mir bei GayRomeo mal deine Adresse gegeben ... Ich hätte jetzt kurz Zeit, um 'ne halbe Stunde nackt auf dein Laufband zu gehen – und danach meinen Schweiß abzustreifen, damit du ihn trinken kannst.«

Der Türöffner surrt sofort. An der Wohnung werde ich freundlich begrüßt: »Aber zieh bitte die Schuhe aus, vorhin war jemand zum Putzen da.«

Macht Sex Spaß?
☐ Ja
☐ Nein
☐ Vielleicht
☐ Weiß nicht

Sven Stickling

Die Ursel von der Venus

Den folgenden Text widme ich allen, die heute schon online waren, um dort nach ihrem Glück Ausschau zu halten. Es ist ein Text für alle Einsamen.

Da steht sie vor mir, die Ursel von der Venus, in ihrer Reizunterwäsche. Nein, Überreizunterwäsche. Konfektionsgröße 54. Ich kenne die Ursel eigentlich gar nicht, wir haben uns im Internet kennengelernt. Und wir haben uns für heute Nachmittag verabredet. Ein Blind Date, bei ihr, der Ursel mit ihren 90E-Körbchen. Mindestens 90E. Riesig sind die. So kleine große Kartoffelsäcke hat die Ursel da. Kartoffelsack-Ursel, denke ich. Oder *Bauer-sucht-Frau*-Ursel.

Im Internet sah die Ursel ganz anders aus. Da war sie hübsch, jung, sie hatte keine schiefen Zähne und keine Dauerwelle. Nein, im Internet sah die Ursel ganz fein aus. Neuer sah sie aus. Heißt ja auch Neu.de und nicht haekelursel.de. Nee, im Internet war sie 'ne richtig heiße Partie. Deshalb hab ich mich ja auch mit ihr verabredet. Gut, bei Ursels Hobbys hätte ich stutzig werden sollen: Pilawas Quiz, *Zwei bei Kallwass* und Rosamunde Pilcher, so ein Zeug halt.

Einen Moment stehen wir da und gucken uns einfach an. Dann sagt die Ursel, dass ihr kalt werde. Und das sehe ich, weil ich die Konturen ihrer harten Nippel sehen kann. Riesig sind die Dinger. Richtige Wolkenkratzer hat die Ursel da. Aber ich habe Angst vor Wolkenkratzern, weil da ja auch gerne mal Flugzeuge reinfliegen. Deshalb sage ich der Ursel auch, dass ich mir das alles noch einmal überlegen muss. Auch weil die Ursel in der Tür gar nicht aussieht wie die Ursel im Internet.

Wolkenkratzer-Ursel meint, dass wir die Äußerlichkeiten doch außen vor lassen könnten.

»Ich habe Rollos, die man runterlassen kann. Dann spielt Aussehen keine Rolle mehr. Es kommt doch vor allem aufs Fühlen an«, sagt sie.

»Aber Ursel«, sage ich. »Du fühlst dich im Dunkeln bestimmt genauso an, wie du aussiehst.«

Und Ursel sagt, dass sie sich im Dunkeln wirklich gut anfühle und dass ich sie doch jetzt nicht einfach so hängen lassen könne. Und ich sage der Ursel, dass das mit dem Hängenlassen schon ganz gut passe und dass ich keine Lust auf 'ne Hängepartie habe. Wenn, dann muss das ein Fest sein. Ein Wohlfühlfest. Ja, ein Fest-Fest 2.0. Aber bei der Ursel ist nichts fest. Wackelpudding-Ursel, denke ich.

Irgendwie tut sie mir auch ganz schön leid, die Ursel. Wer im Internet andere Menschen kennenlernen muss, der tut mir leid. Deshalb tue ich mir auch selbst leid. Mein Leben ist momentan auch nicht gerade erste Sahne. Eher so zweite Sahne. Oder saure Sahne. Ja, brockige saure Sahne, so fühlt sich mein Leben gerade an.

Ob ich nicht wenigstens kurz reinkommen wolle, ganz unverbindlich auf einen Kaffee, will die Ursel wissen. Sie würde sich auch einen Bademantel überziehen. Hauptsache, sie sei nicht mehr so allein am Nachmittag, wenn nur Blödsinn im Fernsehen kommt.

Ist ja nur ein Kaffee, denke ich. Und die Ursel ist ja auch keine Perverse. Nur ein bisschen einsam ist sie. Also stimme ich zu, und fünf Minuten später sitzen wir in ihrer Küche. Sie trägt jetzt einen Bademantel, und ich frage sie, warum sie sich überhaupt im Internet mit fremden Männern verabrede. So etwas könne doch gefährlich sein. »Sehr gefährlich«, sage ich.

»Egal«, sagt die Ursel und verrät mir, und das tut sie ganz ehrlich, dass sie sich nichts sehnlicher wünsche, als mal wieder einen knackigen und frischen Kerl im Bett zu haben.

Und ich frage sie danach ebenso ehrlich, ob sie glaube, dass ein knackiger, frischer Kerl das Richtige für sie sei. Ob sie wirklich glaube, dass knackige, frische Kerle freiwillig ihre vermoderte Höhle besuchen wollen.

Nein, daran glaube sie selbst nicht, antwortet die Ursel und beginnt zu weinen.

Na toll, voll ins Fettnäpfchen getreten, denke ich und sage der Ursel, dass sie nicht weinen solle.

»Du brauchst nicht zu weinen«, sage ich. »Ursel, neben mir, da wohnt der einsame Klaus. Der ist ungefähr so alt wie du. Und der Klaus, der würde bestimmt deine Höhle besuchen. Oh ja, ein richtiger Höhlenforscher ist der Klaus. Ein Grotten-Klaus, so könnte man ihn auch nennen. Der Klaus hat in jedem Zimmer Rollos, die man runterlassen kann. Weil es kommt doch vor allem aufs Fühlen an, nicht wahr? Hast du selbst eben gesagt. Aufs Fühlen kommt es an. Klaus ist ein guter Fühler. Oh ja, fühlen kann der Klaus sicher wie kein anderer!«

Ganz gefühlvoll schreibe ich der Ursel danach die Telefonnummer vom Grotten-Klaus auf einen Zettel und denke: Klaus und Ursel, das passt wie Arsch auf Eimer, auch wenn deren Ärsche gar nicht auf einen Eimer passen. Aber das müssen sie ja nicht, die müssen nur gut zueinander passen. Und dann schiebe ich der Ursel den Zettel über den Tisch und denke: Siehste, siehste, haste heute doch 'ne Nummer geschoben.

Die Ursel nimmt den Zettel, wischt sich die Tränen aus dem Gesicht und lächelt.

Schön, denke ich, sage »Tschüss«, stehe auf, gehe zur Haustür und laufe beim Nachdraußengehen in eine junge Frau. Die Frau sieht mich überrascht an, stammelt »Hallo, Mama!« und gibt der Ursel einen Kuss auf die Wange. Ziemlich gut sieht dieses junge, stammelnde Ding aus, denke ich. Ich gucke Ursel an, und die Ursel guckt mich an. Sie lächelt, weil sie weiß, dass ich weiß, dass sie einfach ein Foto von ihrer Tochter fürs Internet genommen hat.

Die Urseltochter will wissen, wer ich bin und warum ich ein rosa Hasenkostüm trage.

»Das ist der rosa Hase mit der langen Möhre«, erklärt die Ursel. »Den hab ich im Internet kennengelernt. Er hat mir die Nummer vom Grotten-Klaus, dem Wohlfühl-Höhlenforscher gegeben. Der hat in jedem Zimmer Rollos, die man runterlassen kann«, sagt sie, und der Hase nickt.

Ursels Tochter nickt nicht. Nein, die schlägt dem Hasen einfach die Tür vor der Nase zu und schimpft dann mit der Ursel. Sie ruft, dass die Mama sich ganz seltsam verhalte, seit Papa tot sei. Und dass sie endlich mal wieder so sein solle wie damals.

Aber vielleicht will die arme Ursel das gar nicht, denke ich. Vielleicht will die Ursel jetzt einfach mal ganz anders sein. Menschen wollen doch manchmal anders sein. Vor allem dann, wenn sie Dinge lange genug so gemacht haben, wie sie sie immer gemacht haben, obwohl sie sie immer anders machen wollten. Ursels Wunsch nach Abwechslung und Abenteuer ist vielleicht einfach nur die Hoffnung auf ein bisschen mehr Liebe und Glück im Leben, denke ich und gehe.

Zu Hause angekommen, lösche ich mein Profil bei Neu.de. Vielleicht sollte ich mal wieder ganz normal ausgehen, ohne Kostüm. So 'ne richtige Ursel in meinem Alter kennenlernen. Die muss auch gar nicht Ursel heißen, die Ursel. Die kann auch Claudia oder Ricarda oder sonstwie heißen. Und aussehen muss sie auch nicht besonders, nein, ich habe ja auch ganz gute Rollos zu Hause, die man runterlassen kann. Weil: Eigentlich kommt's doch aufs Fühlen an. Da hat die Ursel vollkommen recht.

Micha-El Goehre

Auf der Suche nach Mr. Wrong

»Du glaubst gar nicht, wie sehr ich die Schnauze voll davon habe, nach dem Richtigen zu suchen«, sagt Monika. Ich kann da nicht viel zu sagen. Bisher hatte ich sie für eine betont unabhängige Frau gehalten, die sich von den üblichen Zwängen des Verlieben-Verheiraten-Kinderkriegens nicht ins Bockshorn jagen ließ. Aber letzten Herbst ist sie vierunddreißig Jahre alt geworden, und da ist es über sie gekommen. Was vorher das nicht vorhandene Ticken einer digitalen biologischen Kinderarmbanduhr war, wurde quasi über Nacht zum nervenden Klingeln eines alten Metallweckers. »Oder mehr wie die Glocken einer Kirche, und ich meine damit einer *richtigen* Kirche, mindestens eines Doms«, sagt Monika.

Seither ist sie wieder auf der Jagd in den Clubs und Singlebars der Stadt und hat sich schon ein gutes halbes Dutzend Kerle an Land gezogen. Aber mit keinem hat sie es länger als ein paar Wochen ausgehalten. »Die waren alle so beschissen *nett*«, erzählt sie mir, und ich wundere mich, was daran so falsch ist. Irgendwie suchen wir doch alle was Nettes. Aber Monika meint nicht nett im Sinne von liebevoll und zuvorkommend, sondern nett im Sinne von »nah verwandt mit scheiße«. Typen, die alles tun, um nicht bei ihrer Freundin anzuecken, die immer klein beigeben, wenn es droht, stressig zu werden, die sich den Hodensack enthaaren und ihre Garderobe von Monika absegnen ließen, bevor sie auf die Straße gingen. Eine Weile mache das ja auch Spaß, sagt sie, aber es werde genauso schnell langweilig wie Popcornessen. Da kriege sie im Kino auch nie die ganze Tüte leer, und wenn sie den Rest mit nach Hause nehme, verwandele der sich sowieso nur in pappiges Verpackungsmaterial. Sie wolle aber kein pappiges Verpackungsmaterial auf sich liegen haben, das fragt, ob es denn alles richtig mache. »Was ist nur aus den Männern von heute geworden?«, fragt sie sich und mich, aber ich sag da nichts zu, weil ich ja auch ein Mann von heute bin und mich als Betroffener nicht dazu äußern möchte. Mutterfixierte Weicheier, die ihr hinterherräumen, die nicht nur freiwillig das Geschirr spülen, sondern nahezu zwanghaft. Die auf den Balkon gehen, wenn sie mal rauchen oder furzen müssen. Da könne man sich ja gleich einen Golden Retriever kaufen. Und auch wenn sie wisse, dass es wahrscheinlich keine gute Idee sei und vermutlich böse enden werde, sie wolle jetzt einen Straßenköter, eine räudige Töle, deren Stammbaum schon vom Neandertaler zu Brennholz verhackstückt wurde.

Nicht so einen wie Joschi, mit dem sie vor einem halben Jahr ausgegangen ist und der sie mitgenommen hat ins Disneymusical *Die Schöne und das Biest* und der bei der Szene, als sich das Biest in einen Prinzen verwandelt, ernsthaft angefangen hat zu heulen. Monika hat ihm dann geraten, es vielleicht doch eher mit einem knackigen, jungen Mann und nicht mit einem mittdreißiger Vollweib zu probieren, aber Joschi hat es nicht kapiert. »Homosexuelle, die sich selber für völlig hetero halten, sind echt die Pest«, sagt Monika.

Dann war da noch Erich, der sie mit Geschenken überschüttet hat und ihr beinahe täglich absurd große Blumensträuße mit nach Hause gebracht hat. Er war ein Sohn aus gutem Hause, der, wie schon die drei Generationen vor ihm, dick im Bankengeschäft war. Seine Familie war zwar nicht adelig, benahm sich aber, als wäre das nur eine noch zu erledigende Formalität. Erich war nicht nur bereit, mit Monika sein Leben zu verbringen, es wirkte, als hinge sein Leben davon ab. So verwunderte es auch nicht, dass er ihr schon nach fünf Wochen einen Verlobungsantrag machte und sie seiner Mutter vorstellte. Ihre Schwiegermutter in spe lächelte, und Monika konnte bei diesem Lächeln nur daran denken, dass sie schon ewig nicht mehr den *Weißen Hai* geschaut hatte. Erichs Mutter führte sie durch das Haus, besser gesagt die Villa, besser gesagt die mordsmäßig große Villa, zeigte ihr die Küche und den beeindruckenden Vorrat an blitzenden Steakmessern, und sagte dann, dass sie ihren Sohn sehr liebe und überall Kontakte hätte, auch in den Reihen ehemaliger Söldner aus dem Kosovo und Afghanistan, die ihr jederzeit bei der Beseitigung von Problemen behilflich wären und was Monika glaube, welcher Dünger für den guten Wuchs der Baccara-Rosen im Garten der Villa verantwortlich wäre. Dann lächelte Erichs Mutter, und in Monikas Kopf kratzte jemand mit sehr langen Fingernägeln über eine sehr große Schultafel, und sie ließ sich zeigen, wo die Tür ist, und Erichs Mutter zeigte sie ihr gern.

Und dann hatte sie es noch mit der Variante des reiferen Mannes probiert, wobei Hans-Peter schon fast als vergoren zu bezeichnen war. Eine Weile genoss es Monika, mit jemandem zusammen zu sein, der gute Umgangsformen hatte, sie zuvorkommend behandelte und sich, wenn auch mit pharmazeutischer Rückendeckung, als erfahrener und rücksichtsvoller Liebhaber entpuppte. Es war auch ganz schön, nicht immer in die Clubs und Kneipen der Stadt zu ziehen, sondern mal ins Theater oder in ein Restaurant zu gehen. Nur dass Hans-Peter einen Hang zur Volksmusik hatte und Schwarze konsequent als »Neger« und Türken, Kurden und Griechen als »Schwattköppe« bezeichnete, kotzte sie an. Schließlich endete es, als Hans-Peter ihr eine Schuluniform schenkte und sie fragte, ob sie doch bitte so tun könne, als wäre er der Schuldirektor und sie sehr, sehr unartig gewesen und sehr, sehr, sehr minderjährig.

»Nette Typen sind Arschlöcher«, stellt Monika fest. »Da kann ich doch gleich ein Arschloch nehmen, das erspart Umwege.«

Also ging sie nur noch in Kneipen, die erst ab Mitternacht auf haben und in denen die ganz Hoffnungslosen herumstreunen, sie ging zu Heimspielen ins Fußballstadion und auf Tuningtreffen der Autoschrauberszene. Sie hörte laut sexistischen HipHop im Auto und ließ sich auf Parteikundgebungen der CDU sehen und auf Konzerten von *Scooter* und Wolfgang Petry, also überall dort, wo es wehtut, wo die Arschgeigen den Ton angeben.

So hat sie Rüdiger kennengelernt. Sie sind jetzt schon zwei Monate zusammen, und im Prinzip wohnt er bei ihr. Er trägt Schnurrbart, hat vorne kurze, hinten lange und überall fettige Haare, und seine Anwesenheit macht sich sowohl durch seine polterige Art als auch durch seinen kernigen Körpergeruch bemerkbar.

Er wische nicht, lungere nur zu Hause herum, wenn er nicht gerade mit seinen blöden Kumpels durch die Kneipen ziehe, lasse überall seine Unterhosen rumliegen, die mehr Bremsspuren aufwiesen als die A2, er pinkele die Klobrille voll, und nach dem Sex schlafe er sofort ein, manchmal sogar währenddessen. »Keine Ahnung, warum ich den Penner mit durchfüttere, lange mach ich das nicht mehr mit, so ein Arsch«, sagt Monika. Zornig zieht sie dann an ihrer Zigarette und bläst den Rauch durch die Nase aus wie ein wütender Stier. Aber im Großen und Ganzen wirkt sie dabei recht zufrieden.

Sacha Brohm

Du willst also eine Nacht mit mir verbringen. Ein Ratgeber

Bevor wir in meine Wohnung gehen, solltest du beweisen, dass du wirklich eine Nacht mit mir verbringen möchtest. Bezahle alle Getränke, die wir getrunken haben, während wir uns in dieser Bar kennengelernt haben. Dazu gehören auch die Getränke, die ich getrunken habe, als wir nur hin und wieder verstohlen Augenkontakt gesucht haben. Um mir zu zeigen, dass du kein kniepiger Typ bist, bezahle einfach alles, was sich an diesem Abend bei mir angesammelt hat. Dazu könnten durchaus auch Snacks, größere Gerichte und Wettschulden gehören.

Da wir beide Alkohol zu uns genommen haben werden, solltest du unbedingt ein Taxi besorgen, denn ich wohne etwas außerhalb. Wenn wir da zu Fuß hingingen, wären wir am Ende so geschafft, dass dieser Ratgeber »Du willst dich also von einer Nacht mit mir erholen, in der rein gar nichts zwischen uns passiert ist« heißen müsste. Wenn du an dieser Stelle gelacht hast, ist das ein gutes Zeichen dafür, dass du meinen Humor magst. Versuche nicht mitzuhalten, denn ich bin sehr schnell und vereine viele unterschiedliche Humorfacetten in mir. Ich werde sie dir in bestimmten Situationen sicher zeigen können. Komme auch für die Bezahlung des Taxis auf.

Wenn wir vor dem Haus stehen, in dem ich wohne, nimm dir einen Moment Zeit, um jeglichen Kommentar einfach runterzuschlucken. Vermeide es, Dinge anzusprechen, die allzu offensichtlich sind. Ich lebe gerne hier und habe keine Lust, mich von jeder dahergelaufenen Barbekanntschaft aufziehen zu lassen. Wir hätten ja auch zu dir fahren können, aber dann hättest du mir morgen ein Taxi besorgen müssen, das mich nach Hause fährt. Der Ratgeber hieße dann auch »Ich will also eine Nacht mit dir verbringen«. Verstehst du?

Ich lebe sehr spartanisch. Das ist ein von mir bewusst gewählter Ausdruck meiner inneren Reinheit. Ich benötige kein Bett. Eine Matratze reicht vollkommen aus. Ein Bett zwängt mit seinen Rosten und Latten ein. Ich lasse mich nur ungern einzwängen. Passe gut auf, wenn ich dir erkläre, wo in der Matratze unbequeme Stellen sind.

Bevor wir es uns auf der Matratze gemütlich machen, brauche ich zwanzig bis dreißig Minuten, in denen ich dich berühre und untersuche. In dieser Zeit möchte ich auf keinen Fall zurückberührt werden. Es ist auch kein Bestandteil eines Vorspiels. Ich möchte mir nur einen Überblick darüber verschaffen, wie es um deinen Körper bestellt ist. Dafür sind einige Hilfsmittel vonnöten, vor denen du keine Angst haben musst. Ich kann sie dir vorher gerne erklären. Mach dich einfach frei und warte ab, was geschehen wird. Aus welchem Arm kann ich dir Blut abnehmen?

Wenn du die kleinen Tests bestanden hast, können wir anfangen, endlich die Nacht miteinander zu verbringen. Lege dich dafür auf die linke Seite der Matratze. Ich weiß, dass es bei sechzig Zentimetern in der Breite schwer ist, die linke Seite zu erahnen, aber streng dich ein wenig an, schließlich wolltest du eine Nacht mit mir verbringen. Sobald du bequem liegst, werde ich es mir auf der rechten Seite der Matratze gemütlich machen. Wenn alles gut geklappt hat, liegen wir gemeinsam auf meiner Matratze.

Dass ich alle Lichtquellen ausmache und auch die Rollos vor den Fenstern heruntergelassen habe, bedeutet nicht, dass ich ein Problem mit Nacktheit hätte. Du hast ja bei den Tests zuvor selber gemerkt, dass ich kein Problem mit deinem nackten Körper habe. Wie vorhin schon erwähnt, lebe ich von einer gewaltigen inneren Reinheit, und die wird am besten durch Dunkelheit unterstützt. Undurchdringbare Dunkelheit. Lass dich darauf ein. Verlasse dabei aber nicht deine Seite der Matratze, sonst verlieren wir womöglich die Orientierung im Raum. Das wäre ein fataler Fehler.

Achte beim nun folgenden Liebesspiel auf die kleinen Zeichen, die ich aussende. Sie werden dir die Richtung vorgeben, in die hinein ich versuchen möchte, mich zu verlieren. Einige dieser Zeichen können sein:

- Pieksen mit dem Zeigefinger in deine rechte Niere: weniger hopsen.
- Pieksen mit dem Zeigefinger in deine linke Niere: noch weniger hopsen.
- Pieksen mit dem Zeigefinger in deine rechte Schläfe: Gedanken über die Lautstärke machen. Ich habe Nachbarn.
- Leichtes Betasten deines Haares: Bitte deinen Schweiß mit dem zurechtgelegten Handtuch abwischen.
- Leichtes bis auffälliges Würgen deines Halses mit meinen beiden Händen: Ich wäre jetzt soweit.

Alle weiteren Zeichen werden sich sicher durch kurzes Nachfragen klären lassen.

Nach dem Liebesspiel sollten wir uns unbedingt duschen. Achte auf meine Anweisungen, damit du den Weg durch die dunkle Wohnung ins Bad findest. Das Duschen in vollkommener Dunkelheit wird den gerade erlebten Höhepunkt noch einmal aufwerten.

Wenn wir uns geduscht, wieder angezogen und alles wieder ein bisschen heller gestaltet haben, kannst du gerne gehen, denn es ist schon sehr spät, und ich würde sagen, dass die Nacht ja schon vorbei ist. Stelle keine weiteren Fragen. Du kannst dir gerne noch ein Taxi bestellen, wenn du ein Handy dabei hast. Warten solltest du allerdings vor dem Haus, denn die Taxis kommen hier immer sehr schnell und warten nicht gerne.

Vermeide es, mich bei einem zufälligen Wiedersehen auf unsere gemeinsame Nacht anzusprechen. Das ist persönlich gemeint.

Macht Sex Spaß?
☐ Ja
☐ Nein
☐ Vielleicht
☐ Weiß nicht

... und wie fängt das an?

Jacinta Nandi

Die Aufklärung

Manchmal denke ich mir: Ich werde nie deutsch, ich werde nur immer weniger englisch.

»Jacinta, jeder weiß, dass die Engländer die Europameister bei der Teenie-Schwangerschaftsrate sind. Aber warum ist das so?«, fragt mich eine Kollegin bei der Arbeit.

»Also«, sage ich total expertenmäßig. »Ich glaube, dass es an der Aufklärung liegt. In England hält es die Masse mit der Aufklärung ein bisschen anders als in anderen europäischen Ländern. So ist es bei uns Brauch: An deinem elften Geburtstag nimmt dich die ältere Schwester deiner besten Freundin mit ins Badezimmer und erklärt dir, dass es die sicherste Verhütungsmethode aller Zeiten ist, wenn der Junge aufs Gesicht kommt. ›Nur so kann man wirklich sicher sein‹, erklärt sie. ›Denn Kondome platzen, und jeden Tag eine Pille zu schlucken, kann sich niemand merken. Also immer schön aufs Gesicht kommen lassen. Und übrigens: Happy Birthday!‹«

»Ach so«, sagt die Kollegin. »Aber warum vergesst ihr immer, eure Pillen zu schlucken? Ihr denkt auch immer daran, genau um fünf eine Tasse Tee zu trinken.«

»Um vier«, sage ich.

»Um fünf«, sagt sie. »Habe ich in der Schule gelernt.«

»Wir trinken eigentlich immer Tee«, sage ich. »Alle zehn Minuten. Aber um vier sollen wir noch dazu Gurken-Sandwiches essen.«

»Und die Anti-Baby-Pille schlucken. Ich schreibe der Queen und schlage es ihr vor. Tea- and Pill-Time könnte es ab jetzt heißen.«

Bei den Katholiken ist es noch schlimmer mit der Aufklärung: Meine Mama ist katholisch erzogen worden, an ihrem elften Geburtstag hat ihre Mama sie ins Schlafzimmer geholt und gesagt: »Da unten. Kommt Blut. Viel, viel Blut. Ist eklig. Tut nicht weh. Kommt bald. Da unten. VIEL.«

Später in der Schule hat eine Nonne das Wort »Coquette« an die Tafel geschrieben. Sie hat gefragt, ob die Mädels wüssten, was eine Coquette sei. Meine Mama dachte, das wäre eine Art Kartoffel. Die Nonne sagte: »Nein, eine Coquette ist ein Mädchen, das schwanger wird und aufs Land gehen muss und keine Familie oder Freunde hat. Anders als andere Mädchen ist sie immer unglücklich.« Was die Mädchen jetzt werden wollten? Coquetten oder normale, glückliche Mädchen?

Ein Mädchen, das Tina hieß, hat sich daraufhin gemeldet und die Nonne gefragt, wie man denn wisse, ob man eine Coquette ist oder nicht.

»Du, mit deinen so überkreuzten Beinen, Tina O'Sullivan, brauchst diese Frage nicht zu stellen!«, schnaubte die Schwester. Meine Mama war erstaunt. War es dann besser, mit weit auseinander gespreizten Beinen zu sitzen? Sie war nicht aufgeklärt, dachte sich aber schon, dass das nicht stimmen konnte.

Meine indische Oma war tatsächlich nie aufgeklärt worden. »Ich wusste nicht, was die Männer mit den Frauen machen – bis zu meiner Hochzeitsnacht«, sagte sie mir einmal. »Dann habe ich es rausgefunden. Ich war sehr schockiert und ein bisschen verängstigt. Zwei Jahre lang war ich ein bisschen verängstigt. Dann hatte ich mich daran gewöhnt.« Kurz nachdem sie mir das gesagt hatte, bekam meine Oma einen Schlaganfall und redete nie mehr mit mir. Vielleicht denke ich deswegen so oft an die zwei Jahre Eingewöhnungszeit. Zwei Jahre! Dieser Zeitraum kommt mir brutal lang vor.

Im Vergleich dazu waren meine eigenen Eltern total locker und relaxt. Ich war voll früh aufgeklärt und hatte sogar ein Kinderbuch mit hässlichen Bildern von Frauen mit schlechten Titten und Haaren unter den Achseln.

Hier in Deutschland werden die Kinder jedoch noch in Windeln aufgeklärt, also fast.

Als mein Sohn Rico drei Jahre alt war, fragte er mich, wie er in meinen Bauch reingekommen sei.

»Der Papa gab mir ein Geschenk«, sagte ich, total stolz auf meine Lockerheit bei diesem Thema, stolz darauf, dass ich alles so locker und moderne-Eltern-mäßig mit ihm besprechen konnte, ohne ihn mit lästigen Details zu überfordern.

»Yeah«, sagte er, »und then Daddy did put his Willy in your Muschi and I came in your Bauch.«

Ich guckte ihn erstaunt an.

»Nein!«, schrie ich. »Das passierte nicht! Das ist nicht passiert! Papa hat das nie mit mir getan!«

Rico zuckte mit den Schultern. »Daddy said it me schon«, sagte er. »I know it schon.«

»Okay«, sagte ich und rief kurz meine Mama in England an, um zu erfragen, ob es schädlich sei, wenn man mit drei aufgeklärt wird.

»Glaube ich nicht«, sagte sie. »Immerhin haben wir in England die höchste Teenie-Schwangerschaftsrate in ganz Europa. Aber er hätte bis zu Ricos viertem Geburtstag warten können.«

»Aber dass er ihm so genaue Details erzählt!«, sagte ich. »Ich will erbrechen, wenn ich den Rico jetzt angucke. Ich will ihn nicht mehr küssen und so. Ich fühle mich eklig. Seine Haut ist nicht so küssbar, wie sie vorher war.«

»Ach«, sagte meine Mama. »Drei ist voll jung, aber dir haben wir's mit fünf oder sechs schon gesagt. Kannst du dich daran erinnern?«

»Ja«, sagte ich. »Und dann habe ich der Cousine Becky dein Diaphragma gezeigt und ihr gesagt: ›So tötet man ein Baby.‹«

Meine Mama lachte sich tot bei der Erinnerung.

Also modern und relaxt in England und trotzdem steif und prüde in Deutschland. So bin ich. Ich bin immer wieder überrascht, dass ich von den Deutschen noch schockiert werden kann. Und wenn ich sage »schockiert«, meine ich *richtig* schockiert. Neulich holte ich Rico von einem Kindergeburtstag ab. Das Geburtstagskind hatte gerade Zwillingsgeschwister gekriegt.

»Und mag es der Anton, ein großer Bruder zu sein?«, fragte ich Rico.

»Ja, schon«, sagte er. »Aber weißt du was, Mama? Als die Zwillinge geboren wurden, hat der Arzt ein Messer in die Muschi von Antons Mama reingetan.«

Ich guckte Rico an. Ich war sprachlos vor lauter Schock und Horror.

»Was?«, flüsterte ich leise.

»Ja«, sagte er. »Ich wusste auch nicht, dass sie das machen, Mama. Aber manchmal machen die Ärzte das, wenn eine Frau ein Baby kriegt. Es ist normal.«

Nur in Deutschland, dachte ich mir, redet man mit Fünfjährigen auf Kindergeburtstagen über einen Dammschnitt. Ich stellte mir das vor: Beim Kuchenschneiden sagte die Mama von Anton: »Ach, dieses Messer hier erinnert mich daran, wie der Arzt bei der Geburt der Zwillinge auch bei meiner Muschi ein Messer ansetzen musste. Hört sich schlimm an, Kinder, ist aber normal.«

»Ach so«, sagte ich.

»Aber«, sagte Rico, »der hat es nicht ihre Muschi genannt. Der sagte statt Muschi ›Scheide‹. Immer, wenn die Ärzte ein Messer in deine Muschi stecken wollen, nennen sie es Scheide.«

Ich nickte. Ich werde nie deutsch, dachte ich mir.

Ich guckte Rico an und versuchte, den deutschmöglichsten Satz zu sagen, den ich mir vorstellen konnte: »Rico«, sagte ich, »wenn du mal älter bist und jemanden schwanger machst, zahle ich die Hälfte der Abtreibungskosten, okay?«

Rico guckte mich an. »Was?«, sagte er.

»Ach, nichts«, sagte ich schnell.

»Aber bei deiner Muschi haben sie kein Messer reingetan, oder, Mama?«

»Nee«, sagte ich.

»Nur in den Bauch«, sagte er.

»Genau«, sagte ich.

»Gut«, sagte er, und ich nahm seine Hand, sodass wir die Straße überqueren konnten.

Macht Sex Spaß?
☐ Ja
☐ Nein
☐ Vielleicht
☐ Weiß nicht

Lehrer Incognita

Noch immer wäre es ihm lieber, er hätte die Tür zum Kartenraum der Schule nicht im falschen Moment geöffnet. Zu zwei Erkenntnissen hatte ihm der unangenehme Zwischenfall mit dem masturbierenden Geografielehrer aber verholfen:

1. Auch fünfhundert Jahre nach Christoph Columbus sind noch viele weiße Flecken auf der Landkarte zu finden.
2. In diesem Jahr würde seine Note in Erdkunde bedeutend besser ausfallen als sonst. *(Björn Högsdal)*

Martin »Gotti« Gottschild

Mein erster Kuss

Mein Interesse für das weibliche Geschlecht ließ lange auf sich warten. Es war ganz einfach: Die Mädchen ließen mich in Ruhe, und ich ließ sie in Ruhe. Das war für uns alle das Beste. Ich konnte einfach nichts mit ihnen anfangen. Die waren mir echt zu schräg drauf. Entweder sprangen sie wie besengt über meterlange Schlüppergummis, oder sie heulten. Außerdem machten sie immer so einen geheimnisvoll-nachdenklichen Eindruck. Das konnte ich nicht gebrauchen. Ich wollte auf Bäume klettern, Höhlen bauen und meine Kumpels mit Sandklumpen bewerfen. Für Mädchen war in meiner Welt kein Platz. Nur eine fand den Weg in mein raues Kinderherz: Sylvia Ahlmann.

Sylvia war ein Jahr jünger als ich, die Tochter von Freunden meiner Eltern, und sie wohnte nur einen Block entfernt, in der Mendelstraße. Uns verbanden unterschiedliche Interessen. Sylvia kam gerne zu uns nach Hause, weil sie hier lange Fernsehen durfte. Ich wiederum war gerne bei ihr zu Besuch, weil sie einen Klettermaxen in ihrem Kinderzimmer zu hängen hatte.

Außerdem war sie wunderschön, aber das wusste ich damals noch nicht.

Als mir Sylvia eines Tages zur Verabschiedung einen Kuss auf den Mund gab, war mir das jedenfalls ziemlich egal. Ich empfand es zwar nicht als unangenehm, aber nun auch nicht als sonderlich erregend. Eben so, als ob mich meine Mutti geküsst hätte.

Das erste Mal wirklich verliebt war ich dann im Sommer 1988 im Ferienlager in Joachimsthal. Allerdings auch erst am vorletzten Tag. Mein Ferienkumpel Sebastian Fröhlich beklagte sich bei mir, dass er wieder kein Mädchen abbekommen hatte. Ich war bis dahin überhaupt nicht auf die Idee gekommen, dass man im Ferienlager Mädchen kennenlernen konnte. Hier liefen zwar ziemlich viele von ihnen rum, aber das merkte ich gar nicht.

Sebastian hatte sich wohl in eine ganz Spezielle verguckt. Ihr Name war Anja. Sie war vierzehn Jahre alt, zwei Jahre älter als er und damit unerreichbar.

Ich hatte keine Ahnung, von wem Sebastian da sprach, für mich sahen die alle irgendwie gleich aus. Glücklicherweise kam uns seine ominöse Anja dann aber schon gegen Mittag auf dem Weg zum Waschraum entgegen. Sebastian deutete unauffällig mit irren Augen in ihre Richtung und sagte: »Mann, die hat sogar schon Haare unter den Armen!« Diesen Satz werde ich nie vergessen. Zwei kleine, feste Brüste hatte Anja auch schon. Aber das mit den Haaren beeindruckte mich viel mehr. Darauf kam es also an.

Nachdem ich nun wusste, in wen sich mein Freund da verguckt hatte, schaute ich mir diese Anja den ganzen Tag über genau an, um herauszufinden, was Sebastian, außer den Achselhaaren, eigentlich noch so toll an ihr fand.

Bereits zum Abendbrot hatte ich mich dann ebenfalls unsterblich in sie verliebt.

Anja war eine kühle, blond gelockte Schönheit. Alles an ihr war außergewöhnlich fein. Sie hatte etwas Französisches. Ihr Blick war wach und traurig zugleich, und ihre Haut schien aus edelstem Marzipan zu sein. Wenn sie lächelte, wollte man auf der Stelle tot umfallen oder für immer an ihr drankleben.

Bei der Abschlussdisko am letzten Abend ließ ich Anja jedenfalls nicht mehr aus den Augen. Sie mich schon. Sie war ein reifer, sonnenverwöhnter Pfirsich. Sie wollte gepflückt werden. Aber nicht von mir. Sie war so erwachsen. Sie traute sich sogar, mit ihrer Freundin auf der leeren Tanzfläche zu »Like a prayer« zu tanzen, während wir Jungs noch ganz verlegen auf unseren Stühlen saßen und nervös an unseren frisch gekauften, weißen Nickis rumzuppelten.

Anja war in meinen Augen eine richtige Frau. Und sie machte mir Angst. Geile Angst. Wir haben nie miteinander gesprochen.

Meinen ersten Zungenkuss habe ich mir dann zwei Jahre später von Cindy Falkner abholen müssen. Ich glaube, anders kann man das nicht sagen.

Als Cindy in der vierten Klasse zu uns in die Schule kam, war sie *der* Hingucker: Sie trug eine recht wuchtige Perücke, und ihre langen, dunkelblonden Kunstfaserlocken wollten einfach nicht zu ihrem blassen Gesicht passen. Das kam von der Chemotherapie. Cindy hatte Blutkrebs. Man sah sie nur selten auf dem Schulhof, manchmal fehlte sie ganze Wochen. Nach einem Jahr war Cindy aber wieder gesund und kam in unsere Klasse. Ihre eigenen Haare standen ihr gut. Sie war keine Schönheit, aber recht proper, und sie nannte einen beachtlichen Busen ihr Eigen. Außerdem trug sie gerne Bomberjacke, und das fand ich damals bei Mädchen total scharf, weil die mich dann immer ein bisschen an MacGyver erinnerten. Ansonsten war die Auswahl in unserer Klasse auch eher beschränkt.

Da gab es eigentlich nur noch Anna Gerzow und Daniela Morschlitz.

Anna Gerzow war klein, rothaarig, hatte leuchtende Augen und niedliche Sommersprossen auf einer niedlichen Nase. Wir streichelten uns in der ersten Klasse während der Mittagsruhe immer gegenseitig die Handflächen, so lange, bis wir eingeschlafen waren. Daniela Morschlitz hingegen hatte eine sehr ordinäre Art und einen großen, abstehenden Leberfleck neben dem rechten Nasenflügel, aber auch sie trug gerne Bomberjacke und hatte noch größere Brüste als Cindy Falkner. Außerdem hatte es sich rumgesprochen, dass Daniela schon mal richtig gebumst hatte.

Bei einer Party war sie angeblich von ihren wesentlich älteren Nazifreunden betrunken gemacht worden, und als sie keinen klaren Gedanken mehr fassen konnte, wurde sie einfach bestiegen.

Das klingt jetzt vielleicht alles ein bisschen rustikal, war 1990 aber normal.

Auch Cindy Falkner, die dem Tod ja gerade von der Schippe gesprungen war, wollte ihr Leben nun in vollen Zügen genießen. An ihrem vierzehnten Geburtstag hatte sie sturmfreie Bude und ihr Kinderzimmer mit Hilfe einer roten Lichterkette in ein waschechtes Liebeszimmer verwandelt, in welchem sie im Laufe des Abends, ohne erkennbares System, mit den unterschiedlichsten Jungs verschwand.

Was dort genau geschah, kann ich nicht sagen. Ich saß immer im Wohnzimmer.

Auf unserer letzten gemeinsamen Klassenfahrt im Herbst 1990 sollte aber auch ich mein Stück vom Cindy-Falkner-Kuchen abbekommen.

Wir waren in der Nähe von Strausberg in einer Jugendherberge untergebracht.

Am letzten Abend betranken wir uns anständig und schwelgten harmonisch in zutraulicher Melancholie.

Cindy hatte sich bereits meinen Freund Mülli geschnappt und war mit ihm in einem der Zimmer der Herberge verschwunden. Ich schlich währenddessen unschlüssig im Treppenhaus herum.

Zum Glück kam Mülli etwa alle zehn Minuten mit feurigen Wangen aus der Liebeshöhle gekrochen und berichtete mir, was gerade vorgefallen war.

»Gotti, ich habe eben ganz dicht neben ihr im Bett gelegen!«

Zehn Minuten später: »Gotti, wir haben uns gerade mit Zunge geküsst!«

Zehn Minuten später: »Gotti, ich habe ihr an die Brust gefasst!«

Und schließlich: »Gotti, willst du nicht auch mit reinkommen??«

Mülli war ein echter Kumpel! Natürlich wollte ich mit reinkommen.

Als ich das Zimmer der Erquickung betrat, lag die lebenslustige Cindy bereits geschmackvoll drapiert auf dem Doppelbett, und Mülli erklärte: »Ich hab mal noch den Gotti mitgebracht.« Cindy sagte nichts. Mülli legte sich wieder zu ihr ins Bett, und ich legte mich neben Mülli. Während die beiden knutschten, schaute ich verträumt zur Decke und wartete geduldig.

Irgendwann verstummte das Schmatzen, und Mülli drehte sich zu mir um:

»Na, willst du jetzt mal?« Er war wirklich ein feiner Kerl.

Wir tauschten die Plätze – und schon lag ich neben Cindy Falkner, der Bomberjackenfee! Es schien ihr nichts auszumachen. Nüchtern stellte sie fest: »Aha, jetzt du?!«, und schon hatte ich ihre Zunge im Mund. Hoch leben die Neunziger! Cindys Kusstechnik stellte für mich damals den Standard dar, entpuppte sich in den folgenden Jahren aber zum Glück als nicht repräsentativ. Es fühlte sich an, als hätte mir jemand eine lauwarme Sprotte in den Mund geworfen, die nun wie wild um ihr Leben zappelte.

Das war also mein erster richtiger Kuss. Noch ehe ich ihn wirklich begreifen und irgendwie genießen konnte, war er auch schon wieder vorbei.

Cindy verließ das Zimmer.

Mülli und ich lagen noch etwa eine Viertelstunde in ihrem Bett herum und warteten. Aber sie kam nicht mehr zurück.

Am nächsten Tag tat Cindy Falkner so, als ob nichts gewesen wäre.

Anna Gerzow war dann auf einmal mit Marko Heubach zusammen, und Bodo hatte Daniela Morschlitz mit einem Böller ein Loch in die Bomberjacke gesprengt.

Wir wurden langsam erwachsen.

Dan Richter

Maria Peres

Sie hieß Maria Peres und widersprach in jeglicher Hinsicht dem, was wir uns vorgestellt hatten. Wochen vorher war es angekündigt worden, dass unsere bis dahin homogene DDR-Jugendlichen-Klasse weiblichen Zuwachs aus Kuba bekommen würde. In diesen Wochen schaukelte sich unsere sexuelle Fantasie immer höher. Ich wusste zwar, dass einigen von uns das erste Mal noch bevorstand, mich eingeschlossen, das hielt uns aber nicht davon ab, uns wie rivalisierende Deckhengste zu verhalten. Olaf war der Schnellste gewesen, als es darum ging, wer neben Maria sitzen und ihr die für sie unverständlichen Passagen soufflieren sollte. Wir beneideten ihn. Dabei wussten wir nichts über Maria Peres, außer eben dass sie Maria Peres hieß und die Tochter einer Kubanerin und eines abtrünnigen US-Kommunisten war. Womöglich, aber das durfte ich kaum zu denken wagen, war sie sogar schwarz.

Zu sagen, Maria Peres unterbot unsere Erwartungen bei Weitem, wäre die höfliche Variante, von ihrer Erscheinung zu reden. Aber hier geht es nicht um Höflichkeit, hier geht es um Wahrheit, und diese Wahrheit hatte ein schauderhaftes Antlitz. Maria war nicht nur nicht schwarz, ihre Haut war fischbauchweiß und wirkte ungewaschen. Mit halboffenem Mund, dessen Lippen regelmäßig durch zähe Speichelfäden verbunden blieben, glotzte sie vor sich hin wie jemand, der nicht nur zu doof ist zu verstehen, sondern auch zu uninteressiert nachzufragen. Ihre dicken Brillengläser waren stets verschmiert, was vermutlich genau daher rührte: Denn wenn sie die Brille abnahm, um die Gläser zu putzen, wird sie die Schlieren nicht mehr gesehen haben. Sie kaute an den Nägeln und kratzte sich in einem fort an verschiedenen Stellen ihres plumpen Körpers. Unseren Schock versuchten wir zu mildern, indem wir Olaf verspotteten, der sich ja nun an ein Monster gekettet hatte. Die Ironie dabei war, dass sie gar keinen Souffleur brauchte, da sie erstaunlich gut Deutsch sprach, wenn man von dem Umstand absah, dass ihre Stimme der eines kranken Ferkels glich.

Maria Peres wurde hinfort nicht nur von den Jungen, sondern auch von den Mädchen in unserer Klasse unbarmherzig gemieden. Als ich irgendwann beim Abendbrot eine abfällige Bemerkung über Maria machte, empörten sich meine Eltern über meine Unmenschlichkeit. Wie so oft in derlei Situationen steigerten sie sich dermaßen in ihre Vorwürfe hinein, dass sie mich mit Neonazis verglichen, mir mit allen ihnen als antiautoritären Eltern zur Verfügung stehenden Belanglosigkeiten drohten und sich ihr Argumentationskarussell gar nicht mehr zu drehen aufhörte. »... hat das 1933 auch angefangen. Genau so. Mit kleinen Diskriminierungen. Und alle haben weggesehen.«

»Es tut mir leid.«

Ich schaute unauffällig zur Uhr: noch zwei Minuten, bis der Film *Der Marathon-Mann* anfinge. Ich hörte gar nicht mehr zu, aber an ihrer Art zu reden erkannte ich, dass sie sich auf diese Weise noch wenigstens zwanzig weitere Minuten echauffieren würden. Was blieb mir anderes übrig, als die Notbremse zu ziehen.

»Okay, ich lade sie zur Sommerparty ein.«

Was war ich für ein scheußlicher Opportunist. Anstatt mich mit den Argumenten meiner Eltern auseinanderzusetzen, hatte ich nur auf einen guten Augenblick gewartet, damit sie von mir abließen und den Fernseher anstellten. Es funktionierte sogar. Meine Mutter trocknete sich eine Träne ab und ging in die Küche, mein Vater stellte den Fernseher an. Die Ansagerin hatte gerade noch Zeit, den Filmtitel auszusprechen, da fiel ihm ein, dass ja heute im ZDF die Hobby-Physiker-Sendung *Knoff-Hoff-Show* lief. Das war der Moment, in dem ich lernte, dass es nur eins gibt, was schlimmer ist als ekelhafter Opportunismus: nämlich ekelhafter Opportunismus, der nicht einmal sein Ziel erreicht.

Hatte ich tatsächlich gehofft, es würde ein Wunder geschehen? Ich verzögerte die Einladung an Maria in der Hoffnung, sie würde sich für den Tag der Party etwas anderes vornehmen. Irgendwann blieb mir nichts anderes übrig, als es ihr zu sagen: »Maria, wenn du willst, kannst du nächsten Sonnabend zu unserer Gartenparty kommen.« Ihre Begeisterung hielt sich in Grenzen.

»Ah ja. Wer kommt denn noch?«

Ich nannte ihr die Namen der Schulfreunde. »Und noch ein paar andere, die kennst du nicht.«

»Sind deine Eltern auch da?«

Weshalb reagierte sie so zurückhaltend? Sie hätte mir doch vor Freude um den Hals fallen müssen.

»Ja, aber die mischen sich da nicht ein.«

»Na, mal sehen.«

Sie schrieb sich die Adresse in Zepernick auf.

Die Feier wurde ein Erfolg: Mario hatte seinen Rekorder mitgebracht, Steffen grillte uns die Koteletts, wir tranken Wein aus Plastebechern. Spät am Abend weinte noch Carola wegen Dirk, und noch später knutschte sie mit Ingo. In dieser ausgelassenen Stimmung nahmen wir auch Maria hin, so wie wir den Rauch des Grillfeuers hinnahmen. Niemand nahm es mir übel, dass ich sie eingeladen hatte. Sie lachte sogar bei unseren Scherzen, sie trank wenig, und beim Tanzen steckte sie uns, die wir ungelenk hoppelten, ohne Weiteres in die Tasche. Die laue Nacht, der rote Wein, ihr ausladender Hintern – fast hätte man sich in sie verlieben können, wenn nur ihre Anmut etwas länger angehalten hätte.

Nach ihren Tänzen ließ sie sich wieder sackartig auf die Holzbank plumpsen und kratzte sich mit schmutzigen Fingernägeln ihre Mückenstiche auf.

Irgendwann war sie verschwunden. Ich wunderte mich nicht, ihre Umgangsformen waren oft nicht nachvollziehbar. Gegen zwölf verabschiedete ich die letzten Gäste, die sich johlend auf ihre Fahrräder schwangen, um die letzte S-Bahn nicht zu verpassen. Ich räumte den gröbsten Dreck weg, warf Sand auf den Grill und wollte ins Haus gehen, als mir Maria und meine Mutter lachend und schwatzend entgegenkamen.

»Ach, wo sind denn die anderen?« Meine Mutter hatte nichts mitgekriegt.

»Die fahren gerade mit der letzten S-Bahn nach Hause.«

Ich ahnte Schlimmes: Als Nächstes würde meine Mutter Maria anbieten, bei uns zu übernachten. Ich blickte ihr tief und böse warnend in die Augen, meine Mutter verstand den Wink. »Na gut, dann wird dich Dan aber nach Hause begleiten.«

Meine Mutter war immer noch der Meinung, dass ich gegenüber Maria einiges gutzumachen hätte. Ich schwieg.

»Aber das tut nicht not.«

»Ach, Maria, du bist süß. Natürlich tut das not.«

Heute frage ich mich, warum mein Vater sie nicht mit dem Auto nach Hause fuhr. Wir hätten auch von der Telefonzelle an der Hauptstraße ein Taxi rufen können. All das geschah aber nicht. Vielmehr setzte ich mich auf mein Klapprad und Maria sich auf ihr Damenrad. So zuckelten wir Richtung Pankow. Dort, so wusste ich, hatten Marias Eltern ein dem Vernehmen nach recht protziges Haus in der Nähe all der anderen Diplomatengebäude. Wir brauchten vierzig Minuten. Maria strampelte langsam, und mein Gewissen verbot mir, sie anzuspornen.

Immer noch war es angenehm lau, und als wir endlich ankamen, hatte ich mir den Alkohol aus dem Blut geradelt. Den Rückweg, so vermutete ich, würde ich in zwanzig Minuten schaffen.

»Komm bitte mit herein, meine Mutter möchte dich kennenlernen.«

Ich wusste nicht, ob der befehlsmäßige Ton der Aufforderung beabsichtigt war oder ihrer mangelnden Sprachsensibilität im Deutschen geschuldet war.

Die Pause war mir willkommen. Ich schloss mein Fahrrad an den Zaun, und Maria öffnete die Haustür. Von drinnen hörte man leise Musik, und während Maria ihre Jacke an den Garderobenhaken hängte, öffnete sich die Tür zum Wohnzimmer. Ich muss sehr verwirrt gewirkt haben, denn natürlich hatte ich mir Marias Mutter so wie ihre Tochter vorgestellt, nur eben älter und die physischen Attribute stärker ausgeprägt. Doch vor mir stand eine hochgewachsene Frau in einem blauen, langen, luftigen Kleid, ihre schwarzen Haare fielen ihr in sanften Locken auf die hellbraune Schulter, ihre leicht schräg im Gesicht stehenden Augen verliehen ihr etwas Rätselhaftes, ihre schlanke, linke Hand hatte sie locker an die Hüfte gelegt, die rechte reichte sie mir: »Hallo, kleiner Señor!« Ihre Aussprache war besser als die ihrer Tochter, ihre Stimme klang geschmeidig und sanft.

»Hallo!«

Sie gab mir die Hand und tippte beim leichten Händeschütteln sanft mit dem Zeigefinger auf meinen Puls. Was sollte das? Ein Zeichen? Überreagierte ich? Maria stand am Geländer.

»Me voy a la cama. Tschüss, Dan.«

Das hieß wohl, dass sie müde war. Sie tippelte die Treppe hoch.

»Äh, tschüss, Maria. Ja, ähm, dann werd ich wohl mal ...«

»Na, Sie werden doch wohl noch Zeit haben für einen kleinen Cuba Libre.«

Ohne eine Antwort abzuwarten, ging Marias Mutter ins Wohnzimmer und von dort in die Küche. Ich empfand es als unhöflich, jetzt einfach zu gehen, also folgte ich ihr.

»Setzen Sie sich.« Das Mobiliar wirkte seltsam zusammengestückelt, dabei jedoch nicht unelegant. An der Wand hing eine afrikanisch anmutende Maske, aber nicht von der Sorte, wie sie damals in jeder zweiten DDR-Wohnung zu finden war, sondern riesig und in ihrer Grauenhaftigkeit seltsam lebendig.

»Machen Sie es sich doch bequem.« Sie kam mit zwei Gläsern

herein. Ich bemerkte, wie verkrampft ich dahockte und versuchte angestrengt, mich zu entspannen. Sie reichte mir ein Glas: »Nur Club Cola, aber dafür echter Rum. Auf das freie Kuba!« Wir stießen an. Ich weiß bis heute nicht, ob wir an jenem Abend auf ein sozialistisches oder ein amerikanisches Kuba tranken. Ich weiß nur, dass dieser Drink, dem sie der Sitte gemäß ein frisches Pfefferminzblatt dazugegeben hatte, mit einem Rum gemixt worden war, der die Fünfzig-Prozent-Grenze weit überschritt.

»Ich bin übrigens Eva.«

»Dan.«

»Ich weiß. Maria hat mir viel von Ihnen erzählt.«

Sie siezte mich weiter. Mir schwante Böses.

»Sie sind anders als die anderen Deutschen. Sie müssen wissen, dass Maria es nie leicht hatte. Schon damals fiel es ihr schwer, Amerika zu verlassen.«

»Amerika?«

»Ja. Maria ist Amerikanerin. Sie ist mit ihrem Vater über den Umweg von Mexiko nach Kuba gegangen, wo er mich kennenlernte. Sie schwärmt noch heute von Oregon, obwohl sie damals erst sechs war.«

»Puh, das wusste ich ja gar nicht.«

»Überrascht es Sie? Maria spricht nicht gern darüber. Ihre leibliche Mutter starb bei ihrer Geburt.«

Eva stand auf. Sie ging zur Glastür, die auf die Terrasse hinausführte. »Als ich Ihr Gesicht sah, wusste ich, dass Sie anders sind.«

Mein Gewissen schlug Purzelbäume. Warum war ich anders? Weil ich eine Mutter hatte, die mich zwang, Maria auf eine Party einzuladen und sie dann per Fahrrad nach Hause zu begleiten? Außerdem konnte ich meine Gefühle und physischen Reaktionen auf diese vielleicht doppelt so alte Frau im blauen Kleid nicht einordnen.

»Kommen Sie, ich will Ihnen etwas zeigen.«

Sie öffnete die Tür und ging nach draußen ins Dunkel. Ich konnte sie nicht mehr sehen. Träge erhob ich mich aus dem bequemen Sessel und folgte ihr. Eine dicke Buche wuchs direkt vor der Tür. Ich hatte Mühe, in der Dunkelheit dahinter etwas zu erkennen. Ich suchte vergeblich an der Außenwand nach einem Lichtschalter. Dann tastete ich mich vorwärts und wäre beinahe gefallen, wenn mich nicht zwei Hände an den Fußgelenken gepackt hätten.

»Vorsicht! Wasser!«

Ich stand vor einem kleinen Swimmingpool, und die Hände gehörten zu Eva, die sich schon im Wasser befand. Ich hockte mich nieder und erkannte neben mir das blaue Kleid und zusammengeknautschte Unterwäsche. Zitternd vor Aufregung schaffte ich es kaum, meine Schuhe aufzubinden: Was war das für ein Spiel? Wo war Señor Peres? Was, wenn Maria uns sah? Mich mit ihrer Stiefmutter! Ich kicherte leise auf, als mir das Wort »Stiefmutter« durch den Kopf ging. Umständlich zog ich mir die Jeans und das T-Shirt aus und stieg zu hastig ins Wasser, sodass ich untertauchte. Als ich wieder hochkam, war Evas Gesicht vor meinem, und ich spürte ihren Cola-Rum-Atem. Ich griff zart in ihren Nacken, und leise aufstöhnend zog sie meinen Mund an ihren. Nach vielleicht zwei Minuten ließen wir gleichzeitig den Poolrand los, tauchten immer noch küssend unter und verschluckten uns gleichzeitig am Wasser.

Sie stieß sich ab und schwamm mit kräftigen Stößen ans andere Ende. Ich folgte ihr. Sie kletterte hinaus und half mir hinterherzukommen. Ich verstand nicht, warum wir auf dieser Seite des Pools ausstiegen, bis ich eine pavillonartige Laube sah, die sich unter drei Birken versteckte.

Vorsichtig liefen wir mit nackten Füßen über die piekenden Zweige. Eva öffnete die Tür, und ich schlüpfte hinein. Sie nahm ein viel zu kleines Handtuch von der Wand und rubbelte mich halbwegs trocken.

»Jetzt du.«

Das Handtuch war feucht, und ich wusste nicht, wie man Frauen abtrocknet. Hart oder zart? Waren Frauen nun zerbrechlich, oder wollten sie hart angefasst werden? Ich versuchte es am Rücken auf die sanfte Methode. Langsam rieb ich die Wasserperlen von ihrem Rücken, sie schmiegte sich seufzend an, ich fuhr fort an den Beinen, ihr Schmiegen hatte etwas Tänzerisches. Dann wagte ich mich, während Eva mir immer noch ihren Rücken zuwandte, an ihre Vorderseite. Sie atmete heftiger und stemmte sich sacht gegen meine Bewegungen. Ich hielt meine Erregung kaum aus. Gleichzeitig versuchte ich meine Gedanken zu ordnen: das erste Mal! Das erste Mal, Dan! Das ist das erste Mal. Was ist mit Maria, was denken meine Eltern, was wird Mr. Peres tun, der Wildwest-Ami? Die hatten ja bekanntlich ihre Colts locker sitzen. Gleichzeitig machte mir der Rum das Denken schwer.

Ruckartig drehte sich Eva um, sie packte mich an den Handgelenken und schob mich fast gewaltsam auf eine Liege. Sie setzte sich auf mich, und ich weiß nur noch, dass ich ihr dankbar dafür war, dass sie mir das Denken abgenommen hatte.

Wir schliefen ein, als es schon hell wurde, und ich wachte auf, als ich allein war. Meine Sachen fanden sich zusammengelegt neben der Liege. Hastig zog ich mich an. Ich ging hinaus. Das Wasser des Swimmingpools blinkte in der Sonne. Ich ging um ihn herum, trat durch die Tür der Terrasse und bekam einen gewaltigen Schreck. An einem großen Tisch saßen Eva, Maria und ein Mann, der ihr Vater sein musste: dieselbe Unförmigkeit, dieselbe Plumpheit, nur seine Brille war dunkel getönt. Er war es, der zu sprechen begann: »Na, hat unser junger Freund ausgeschlafen?« Eva und Maria lächelten mich an.

»Ich, äh, ja.«

Maria sah kaum von ihrem Eierkuchen auf, an dem sie unappetitlich herumfingerte: »Guten Morgen, Dan. Hat dich Mama im Pavillon übernachten lassen?«

»Ja.«

»Setz dich, setz dich.« Mr. Peres hielt seinen Kopf seltsam schief, als er zu mir sprach.

»Oh danke, nein. Ich muss nach Hause, meine Eltern machen sich sonst Sorgen.«

»Ah klaro, ›deutsche Eltern – Sorgeneltern‹, so sagt man doch, oder?«

»Ja? Ich weiß nicht.«

»Warte, ich bring dich zur Tür.«

»Lass doch, ich kann das machen«, wandte Maria ein.

»No, no, no.« Er stand auf, hob einen weißen Stock vom Boden auf und tastete nach mir: »Na, komm schon.«

Ich gab ihm meine Hand, und eher begleitete ich ihn als er mich vor die Tür.

»Auf Wiedersehen, Herr Peres.«

»Dan, ich weiß, du bist ein guter Mensch.«

»Ach, ich ...«

»Sag jetzt nichts. Ich möchte mich bedanken bei dir, für alles, was du für Maria getan hast.« Er machte eine kurze Pause. Dann fügte er hinzu: »Und für meine Frau. Adios.«

Er schob mich aus der Tür. Mir schlug das Herz im Hals. Langsam schloss ich mein Rad ab und fuhr wie in Trance zurück nach Zepernick. Meine Eltern empfingen mich wider Erwarten nicht verärgert, sondern augenzwinkernd.

Von der Familie Peres sah ich nie jemanden wieder. Eine Woche nach diesen Ereignissen zogen sie nach Westberlin. Sie hatten es niemandem gesagt.

> Macht Sex Spaß?
> ☐ Ja
> ☐ Nein
> ☐ Vielleicht
> ☐ Weiß nicht

Ahne

Im langsamen Jahr

Wir waren damals sehr jung, eigentlich, aber eigentlich auch schon wieder ganz schön alt. Von den snderen jedenfalls wussten wir, dass sie es längst miteinander trieben. So richtig. Also mit Reinstecken.

Wir dagegen hatten bisher nur an uns rumgefummelt. Hier ein bisschen gerieben, da ein bisschen mit den Fingern. Ein bisschen geleckt und gestreichelt, geküsst, gezwickt und gerubbelt. Vor allem aber hatten wir geredet. Darüber, was werden solle mit diesem Land und mit uns. 1989 war so ein Jahr, wie es sicher nicht viele gibt im Leben eines Menschen. So ein langsames Jahr.

In der Erinnerung kommen mir manche Wochen selber fast wie Jahre vor. Manche Minuten ..., na, ich will nicht übertreiben. Wir wollten es tun, endlich. So richtig. Nicht abhauen aus diesem Staat, der, ohne dass wir es ahnten, bereits in seinen letzten Zügen bummelte, nein, wir wollten ficken. Da waren wir uns ausnahmsweise mal einig. Ansonsten hielt ich es eher mit ihrer Mutter, also, bei den anderen Themen. Wie was werden solle und so. Bis in die Morgenstunden saßen wir manchmal am Küchentisch zusammen, diskutierten, philosophierten, analysierten und fantasierten, während meine Freundin im Bett längst von besseren Zeiten träumte, zumindest von besseren Liebhabern.

Mit Alkohol ging gar nicht, so viel war uns klar. So ein wichtiges Ereignis im Leben zweier Menschen, das dürfte doch nicht durch Rauschgift vernebelt werden, oder? Aber ohne Alkohol ging eben auch nicht. Nicht jedenfalls, wenn man so aufgeregt war wie ich. Zuerst einmal absolvierten wir das übliche Programm. Also küssen, umarmen, rumrollen und reiben und so tun, als hätte man sich verirrt, mit dem Kopf plötzlich ganz woanders sein, verkehrt herum liegen und trotzdem weiter küssen, auch, wenn man dann Haare im Mund hat, einfach tun, als hätte man gerne Haare im Mund, damals gab's ja noch behaarte Menschen, aber wahrscheinlich gab's auch damals schon Menschen, die sich fragten: Warum eigentlich? Na ja. War alles ganz schön. Alles wie immer. Das heißt, ein bisschen besser hatte ich mich mittlerweile schon im Griff. Spritzte nicht mehr direkt ab, wenn etwas drohte, meinem Glied zu nahe zu kommen. Ich war ein alter Sexhase im Prinzip, ein Lebemann, ein mit allen Wassern gewaschener Playboy.

Dabei fällt mir ein, muss ich kurz zwischendurch erwähnen – gleich geht's weiter, versprochen –, aber vor nicht allzu langer Zeit, da ist doch dieser Fotograf, Golfspieler und keine Ahnung was noch alles, Gunter Sachs gestorben. Umgebracht hat er sich. Erschossen. In seinem Haus. In der Schweiz. Gut. Aber warum diese Nachricht eine Berliner Zeitung dazu veranlasste, die Mitteilung zu veröffentlichen, Lebemann Gunter Sachs sei tot? Das klingt doch total blöd irgendwie. Lebemann tot. Totemann lebt. Das klingt doch nach heißem Eis. Wie leuchtendes Dunkel klingt das, voll leer oder mitten am Rand. Lebemann tot. Da könnt ich mich dermaßen drüber aufregen! Hätten sie wenigstens Ex-Lebemann geschrieben, okay, aber so? Mann, Mann, Mann.

Aber, wie gesagt, gehört nicht hierher. Ist nur, weil mich dieser Begriff irritierte. Lebemann. Ob der wohl Kondome benutzte? Haben wir ein Kondom benutzt, 1989? Ich glaube ja, bin mir aber nicht hundertfünfzigprozentig sicher. Aber was ist heutzutage schon sicher?

Ich versuchte also, das Kondom über meinen Schwanz zu ziehen, meinen steifen. Zuerst verkehrt herum, wobei ich diesmal zu meiner eigenen Überraschung keine Haare in den Mund bekam, sondern, das Kondom, es ließ sich nur nicht abrollen. Ich verzweifelte ein wenig, dann versuchte sie sich und war erfolgreicher, machte danach ihre Beine breit, und ich legte mich auf sie, stocherte ein bisschen und siehe da, es ging nicht. Sie drehte sich auf ihren Bauch, hob das Becken, und ich verstand, als verstünden wir uns blind, aha, von hinten also. Wie die Hunde oder wie die Nashörner oder wie ..., ach, ich glaube, so viele Tiere fielen mir damals gar nicht ein. Ich kniete mich also direkt hinter ihr Hinterteil, brachte meinen Pimmel in Position, ja, so könnte es gehen. Ging aber nicht. Ging einfach nicht rein.

»Was ist?«, fragte sie.

»Weiß ich doch nich«, antwortete ich. »Vielleicht ist er ja zu dick?«

»Meinst du?«

»Nee, glaub ich eigentlich nich.«

»Ich auch nich.«

»Wieso, ich meine, du hast doch gar keine Vergleichsmaßstäbe. Oder war da doch schon was?«

»Nee.«

»Wirklich nich?«

»Nee, wirklich nich.«

Wir versuchten es gleich anschließend noch einmal von der Seite, bis sie wenig lustvoll zu stöhnen begann und sagte: »Aua, das tut weh. Weißt du, vielleicht ist ja auch meine Muschi zu eng.«

»Glaubst du?«

»Wird wohl so sein. Komm, mach es mir lieber mit dem Finger, ja?«

Und so machte ich es ihr mit dem Finger, und sie machte es mir mit den ihren, und beide waren wir eigentlich ganz zufrieden damit. Blieben gefühlt noch zwanzig Jahre zusammen, in trauter Harmonie, bis sie mir im September 1989 dann endgültig den Laufpass gab. Mit traurigen Augen, in ihrer neuen Butze im Friedrichshain, die sie keine zwei Wochen später allerdings bereits wieder verließ, weil auch sie plötzlich zu bemerken schien, dass es in der DDR einfach nicht mehr auszuhalten war. Mit solchen Typen? No Future!

Sie kellnerte dann auf einem Schiff auf dem Rhein. Ich wurde arbeitslos. Die Wende, sie bescherte uns das Glück, welches wir uns vorher redlich verdient hatten. Zwei Jahrzehnte später habe ich sie dann noch einmal wiedergesehen. Sie freute sich, ich freute mich, und wir sprachen nicht von unserer Vergangenheit. Sie ist heute glückliche Mutter mehrerer Kinder, die da irgendwie durchgekommen sind. Oder doch künstliche Befruchtung? Kaiserschnitt? Mein Schwanz zumindest, das weiß ich mittlerweile von erfahrenen Frauen, ist auf gar keinen Fall zu dick.

Benjamin Bäder

Möglicherweise ganz normaler Sex

Ich stamme aus einer sehr religiösen Familie, in der Sex nie ein Thema war. Natürlich habe ich im Nachhinein begriffen, dass selbst meine Eltern Sex gehabt haben müssen. Aber als Kind war mir nie bewusst, dass Sex nötig ist, um Kinder zu bekommen. Kinder schenkte einem der liebe Gott, Sex hingegen war etwas, das in irgendwelchen schmuddeligen Pornoheften drin war, die ich natürlich nie zu Gesicht bekam, da Sex schmutzig und versaut war und der Teufel selbst dahinter steckte. Meine Mutter bugsierte mich an Tankstellen und anderen Orten, an denen der Teufel Pornos ausgelegt hatte, gekonnt vorbei, damit ich nie in Versuchung kommen konnte, mich länger damit zu befassen. So lebte ich glücklich und zufrieden, bis es in der Schule für die anderen langsam anfing, interessant zu werden, sich mit dem anderen Geschlecht auseinanderzusetzen. Die anderen Kinder lasen fleißig die Bravo, um sich mit Doktor Sommer mental auf den Sex vorzubereiten, und alles zu erfahren, was man darüber wissen musste. Ich bekniete also meine Eltern, mir auch eine Bravo zu kaufen. Natürlich nicht wegen dem Sex, sondern weil alle Bravo lasen und ich selbstverständlich dazugehören wollte. Schweren Herzens erlaubten meine mir wohlgesonnenen Erzieher mir, nicht völlig in die Isolation eines Außenseiterlebens abzudriften, und ich bekam eine Bravo. Meine Mutter klebte allerdings vorher eben jene Seiten mit Prittstift zu, die in ihren Augen zu sehr mit dem verpönten Thema zu tun hatten. So gehörte ich zwar auf den ersten Blick dazu, aber durch die Zensur meiner Mutter war ich doch ein Stück weit ein unaufgeklärter und naiver Christ, der viele Andeutungen und zotige Witze nicht verstand. Meine Mitschüler verwendeten zum Beispiel das Wort »bumsen«, um den Geschlechtsakt zu beschreiben. Ich hatte keine Ahnung, was das bedeuten sollte, und erzählte ohne Scheu beim Mittagessen davon, dass Christiane und Mario heute in der Pause im Gebüsch verschwunden seien, um zu bumsen. Meine Mutter schnappte nach Luft. Dann lief sie rot an und begann aufgeregt zu erklären, dass man so etwas nicht sagen dürfe. Außerdem hieße es nicht »bumsen«, sondern »boumsén« was französisch sei und bedeute, dass zwei Menschen Sex von hinten hätten. Sofort war es still am Mittagstisch. Alle starrten betroffen auf ihre Teller. Allein die Vorstellung, dass es so etwas geben könnte ... Es war schrecklich, was der Teufel alles unternahm, um unsere Familie beim Essen zu stören.

Richtig schlimm wurde es allerdings erst, als ich meine Ausbildung anfing und zur Berufsschule ging. Die meisten Menschen erzählen ja nicht jedem, den sie kennenlernen, direkt etwas über ihr Sexualleben. Doch in meiner Klasse war ein Mädchen, das hiervon offenbar noch nie etwas gehört hatte. Eines Montagmorgens kam sie in den Klassenraum und rief, dass sie dieses Wochenende so richtig gut gefickt hätte. Es war entsetzlich. Mittlerweile ahnte ich zwar schon, wie Sex funktionieren müsse, aber ich wollte natürlich keusch bleiben, wie meine Eltern es mich gelehrt hatten. Doch das war gar nicht so leicht, da eben dieses lasterhafte und sittenlose Mädchen ausgerechnet an mir irgendwie Gefallen gefunden hatte. Ständig lauerte sie mir auf und begrüßte mich.

Sie war außerdem sehr anhänglich und streichelte einem zur Begrüßung über die Brust und die Schulter und über alles, was sie noch in ihre schmutzigen, kleinen Finger bekommen konnte. Man musste immer auf der Hut sein, bis sie ein anderes Opfer gefunden hatte, mit dem sie ihre dreckigen, kleinen Spielchen spielen konnte.

Wie es dann doch dazu kommen konnte, dass ich überhaupt Sex hatte? Durch Ausprobieren. Ich habe irgendwann, wie es unter fundamentalistischen Christen Brauch ist, geheiratet. Meine Frau hatte von Sex ungefähr so viel Ahnung wie ich. Wir hatten beide irgendwo irgendwas aufgeschnappt und gehofft, der andere würde schon Bescheid wissen. Dem war aber nicht so. Dann geht man ja nicht zu seinen Eltern oder zum Gemeinderatspräsidenten und fragt, wie man denn Sex mache. Solche Dinge sind ja in unserem Milieu völlig desavouiert. Deshalb mussten wir einfach die aberwitzigsten Experimente anstellen. Und eines Tages, meine Frau hatte nur Gummistiefel und einen Tiroler Hut an, während ich eine Cowboyweste und Pumps trug, hatte sie plötzlich den Mund voll Ejakulat.

Mittlerweile haben wir aber auch Sex wie gewöhnliche Leute. Zumindest vermuten wir das, denn man kann sich ja nie sicher sein, ob die anderen einem nur etwas erzählen und eigentlich selber gar keine Ahnung haben.

Jess Jochimsen

Sex an der B 12

Ich fuhr die B 12 runter, und statt an Paul zu denken, dachte ich an Sex. Jede Kurve ein Flirt, jeder Hügel eine Eroberung, jede Ausfahrt ein Misserfolg.

Es gibt dieses Merktraining: Man stellt sich einen bekannten Weg vor, den Schulweg oder einen anderen, den man viele Tausend Male gegangen ist, den man noch im Schlaf findet oder im Suff. Und dann ordnet man jedem Ort entlang dieses Weges einen beliebigen Begriff zu und schult so sein Gedächtnis. Ich dachte ohnehin immer nur an das eine, und so wurde die B 12 von der Pubertät an zu meiner Erinnerungsstrecke: street of desire, der verheißungsvolle Weg in die Stadt oder – so wie jetzt – der Rückweg von München nach Hause, von Trudering quer rüber nach Feldkirchen, den alten Flugplatz im Rücken, auf die A 94, Richtung Osten. Ein paar Minuten das Gas voll durchdrücken und dann treiben lassen, ab Forstinning auf der B 12.

Die Raserstrecke. Die Bundesstraße mit den meisten Verkehrstoten der Republik, ein Fanal der Stadtflucht als auch der Provinzmüdigkeit. Wo immer man sich befindet, ist es öde. Kuhkäffer entlang der Straße, aber auch vermehrt Retortensiedlungen mit

Solardächern, Kreisverkehr und Bürgerhaus. An den Seitenstreifen Kränze und Blumengebinde, Memoranden zerbrochener Träume.

»Hier fanden schon so viele ihr trauriges Ende«, schrieben die Lokalzeitungen, meist junge Leute, auf dem Weg in die Disco oder von dort weg, verunglückt im Passat der Eltern oder im eigenen, erst ein paar Wochen alten Fiesta.

»Reichlich Baumpatenschaften da unten«, sagte Onkel Dietrich immer, wenn wir loszogen, »passt auf beim Überholen.«

Dass man vielleicht auch vorsichtig fahren könnte, kam in seinem Kosmos nicht vor. Und in unserem sowieso nicht, wir waren jung, der Tod interessierte uns nicht. Sex dafür umso mehr, und in meinem Fall wurde es zu einer Manie. Für mich ist die B 12 bis auf den heutigen Tag gesäumt mit Annäherungsversuchen und Zurückweisungen, mit Gier, Scham, Verlangen, Orgasmen und vorzeitigen Samenergüssen. Nicht, dass mein Liebesleben an der B 12 stattgefunden hätte, aber mein pubertierendes Hirn stellte Verknüpfungen her.

Bei Haag, in der Ramsauer Senke zum Beispiel, erinnerte mich das hölzerne Kreuz nicht daran, dass hier am 12. Juli 1993 der erst zwanzigjährige Sebastian Gschwandtner seinen Polo um einen Baum gewickelt hatte, es gemahnte mich an das Fiasko mit Susanne Huber ein paar Tage später.

Es war auf einer Party im Jugendzentrum gewesen, und Susanne hatte mich unzweideutig gefragt: »Haste Bock zu ficken?«

Meine Antwort hatte sie gar nicht erst abgewartet, sondern meine Hand genommen und mich auf die Straße hinter die Latrinenhäuschen gezogen. Wir waren beide angetrunken, sie mehr als ich, was wohl ihre Zunge löste.

»Vögel mich im Stehen«, lallte sie, »damit hier überhaupt was passiert. Und hart, ich will was spüren.«

Ich hatte noch nie eine Frau erlebt, die so sprach, und ihre Derbheit erregte mich derart, dass ich ohne jegliche Berührung in meine Unterhose ejakulierte. Susanne merkte es nicht, und ich machte es ihr mit der Hand. Sie kam sehr schnell und übergab sich anschließend. Bis heute hoffe ich, dass das eine mit dem anderen nichts zu tun hatte.

Zurück im Keller des Jugendzentrums war ich der King, und dementsprechend schmückte ich das Geschehene natürlich aus, mit jedem Bier etwas mehr.

»Echt jetzt, im Stehen?«, fragte Dietsche. »Erzähl keinen Stuss.«

»Wenn ich's doch sag, sie wollte es so.«

»Die kleine Sau! Und? Hast du's ihr besorgt?«

Ich lächelte überlegen und machte das Victory-Zeichen.

»Zwei Mal gleich?« Dietsche pfiff durch die Zähne. »Aus dir wird vielleicht doch noch ein richtiger Stecher.«

Ich sonnte mich in meinem zweifelhaften Ruhm, aber als ich tags drauf halbwegs nüchtern auf der B 12 nach München fuhr, stutzte sich das Erlebnis so langsam auf Normalmaß zurück. Mit jedem gefahrenen Kilometer verblasste der falsche Glanz, mit jeder Kurve löste sich eine Schale meiner Übertreibungen, und kurz vor Haag gestand ich mir das Erlebnis als das ein, was es gewesen war: einfach nur erbärmlich. Auf der gegenüberliegenden Straßenseite sah ich das helle, billige Holzkreuz, das an Sebastians Tod erinnerte. Ich hatte ihn flüchtig gekannt. Die Blumen an der Unglücksstelle waren noch frisch. Meine Wunde auch.

Volker Surmann

Neununddreißig Sekunden. Oder: Der blaue Junge.

Habe ich jemals behauptet, die Pubertät sei die schlimmste Zeit des Lebens? Pubertierende seien pickelig, hässlich, dreist und doof? Nun, es gibt Ausnahmen. Pubertierende, denen man gerne mal durch die Haare wuscheln würde und dabei ausrufen: »Gott, sind die niedlich! Sind die schwer zu halten? Ich hab ja auch schon mal überlegt, mir so ein Teen zuzulegen, aber ich hab einfach nicht genug Platz! Und die Pflege! Das braucht ja auch ganz schön Auslauf. Und dann die ganzen Smartphones zu Weihnachten ...«

Die Ausnahme trug eine blaue Hose. Mehr sah ich erst nicht von ihr, denn die blaue Hose stieg gerade in Nienburg/Weser eine Treppe zum Bahnsteig hinauf. Es war so 'ne Skater-Stoffhose in einem durchdringend leuchtenden Knallhimmelblau. Mann, Mann, Mann, dachte ich, das ist ja mal 'n Ausnahmeblau.

Da ich zum selben Bahnsteig hoch musste, sah ich schnell, dass sich über der blauen Hose ein kariertes Hemd anschloss, in dem weiß und dasselbe Blau dominierten, und über dem Hemd waren halblange, Ron-Weasley-rote Haare im aktuellen

Teen-Jungs-Look. Mannomann, der Junge hatte aber mal Style. Und Mut zur Farbe. Und ein hübsches, brünettes Mädchen an der Hand. Vielleicht hatte auch sie den Style und er nur den Mut des Verliebten. Denn sie sah aus, als sei sie soeben einem der H&M-Plakate am Bahnsteig entstiegen. So standen sie Hand in Hand herum. Er mit Milchbubi-Gesichtszügen, sie mit Makeup. Beide maximal vierzehn Jahre alt, wenngleich jedes Kleidungsstück an ihr in die Umgebung krakeelte: »Haltet mich bloß für siebzehn!«

Mich verwirrte der blaue Junge, denn ich hatte gerade ein Déjà-vu mit meiner eigenen Fantasie: Ich schrieb nämlich gerade an meinem zweiten Roman, in dem ein zehnjähriger, rothaariger Junge mitspielt. Und plötzlich stand dieser Junge, nur ein klein wenig älter, vor mir, und ich hätte am liebsten ausgerufen: »Mensch, Joshua! Du hier? Junge, was bist du groß geworden! What the fuck machst du in Nienburg/Weser?«

Als ich den Bahnsteig entlangschlenderte, wandte der blaue Junge seinen Blick von seiner Freundin ab und schaute Richtung Anzeigetafel, unter der ich stand. Oha, er hatte Augen so blau wie seine Hose. Augen von einem Blau, das mich einmal längs über den Bahnsteig fegte und an den nächsten Wagenstandsanzeiger tackerte. Krass, verfiel mein Sprachzentrum in Teen-Modus: Krass, krass, krass. Kein Wunder, dass das Mädchen an seiner Seite so krampfhaft seine Hand umklammerte, sie musste sich einfach festhalten!

»Krass, krass, aua!, krass, krass«, wimmerte eine Frau, die gerade neben mir einschlug. Weitere Wartende flogen an uns vorbei. Nur eine alte Dame hielt dem Blick des blauen Jungen stand, aber sie trug einen weißen Stock in der Hand.

Der Zug fuhr ein, und es war wirklich Zufall, dass nur der Platz hinter dem Teen-Pärchen frei war. Ohne je einen kleinen Lauschangriff intendiert zu haben, war es dennoch nicht zu verhindern, dass hin und wieder Spritzer einer juvenilen Teen-Konversation zu mir hinüberplatschten. Das Teen-Mädchen hatte nämlich eine sehr helle Stimme, die aus den dumpfen Hintergrundgeräuschen der Zugfahrt sehr klar hervorstach. Der blaue Junge hingegen befand sich gerade in jener Phase nach dem Stimmbruch, in der man der neuen Stimme noch nicht so recht traut, weshalb es im Leben eines jeden Jungen eine Phase gibt, wo man heiser zischelt wie ein Regionalzug in der Kurve. Da sich unser Regionalzug laufend durch Kurven zischelte, bekam ich von seinen Gesprächsanteilen nicht viel mit. Ich hörte nur all die Fragen, die das Teen-Mädchen stellte: »Sind deine Eltern da? ... Sind die lange weg heut Abend? ... Wann kommen die zurück? ... Und dein Bruder? .... Ist der lange weg? ... Wann kommt der zurück? ... Wohnt sonst noch jemand bei euch? ... Was würde denn dein Vater sagen, wenn er uns ...« – »NÄCHSTER HALT: NEUSTADT AM RÜBENBERGE!«

Als der Zug sich ausrollen ließ, hörte ich auch mal seine heisere Jungsstimme: »Meine Mutter hätte da mehr Verständnis für als mein ...« – »AUSSTIEG RECHTS!«

Dann sagte das Teen-Mädchen: »Bei dir isses viel schöner.«

Ach Gott, wie süß!, dachte ich, das Teen-Pärchen löste gerade pubertäre Übernachtungsprobleme.

Der Zug hielt, Ein- und Ausstiegs-Unruhe bevölkerte den Wagen. Ich zog mein Notizheft raus und schrieb: »Joshua muss blaue Augen haben.« Ich unterstrich gerade »muss« und »blau« (doppelt), da sagte das Mädchen recht unvermittelt: »Fünfzehn Minuten ohne Vorspiel ist doch voll lang!«

Wie bitte?

Der blaue Junge musste etwas Ähnliches gesagt haben.

»Nee, echt! Also Vorspiel mal nicht mitgerechnet, dann sind fünfzehn Minuten doch echt voll viel.«

Ach so.

Eine kurze Pause verriet, dass sie wohl im Gesicht ihres Freundes eine Reaktion suchte, dann setzte sie hinzu: »Ich mein, wie lang brauchst du, wenn du's dir selber machst?«

Na, das waren doch mal Themen für den öffentlichen Nahverkehr. Nicht, dass das Teen-Pärchen seine Erkenntnisse durch den Waggon posaunte wie ungeübte Mobiltelefonierer im Tunnel, aber sie flüsterten eben auch nicht. Zumindest für mich verliehen sie dem Begriff »Öffentlicher Nahverkehr« gerade eine völlig neue Bedeutung.

Das Gespräch des Teen-Pärchens wurde mir eindeutig zu privat. Der Anstand gebot, mir die Kopfhörer meines iPods in die Ohren zu stecken. Natürlich schaltete ich ihn nicht ein.

Der blaue Junge grummelte irgendwas von »fünf Minuten«.

»Echt?«, fragte sie.

Er darauf: »Das Schnellste waren neununddreißig Sekunden.«

Er lachte dabei, und sein Lachen steckte noch ganz schön heftig im Stimmbruch.

»Hab's mal gestoppt«, fügte er unnötigerweise hinzu. Aber Jungs machen so was. Höher, schneller, weiter. Ein Vierzehnjähriger, bei dem kein Lineal neben dem Bett liegt, ist noch nicht geschlechtsreif oder völlig verzweifelt.

»Ich kann's auch sehr schnell«, sagte sie. »Ganz so schnell allerdings nicht.«

Korrigiere: Mädels machen so etwas also auch.

»NÄCHSTER HALT: WUNSTORF. AUSSTIEG RECHTS!«

Verdammt, wieso wollen hier so viele Leute aussteigen? Können die nicht alle mal die Fresse halten und weniger rumpoltern?! Man kriegt ja gar nichts mehr mit!

Ich überlegte, ob ich irgendwie unauffällig meinen Kopf gegen die Sitzschale vor mir lehnen könnte und mein Ohr dabei ganz zufällig in die Ritze zwischen den beiden Sitzen geraten könnte. Mein bildhaftes Vorstellungsvermögen schlug dabei die Hände über dem Kopf zusammen und wies darauf hin, dass ich mit einem solchen Stellungswechsel das Gespräch der Teens sehr schnell auf andere Themen lenken würde, zum Beispiel auf mich. Und auf das Notizheft in meiner Hand, das sich gerade irgendwie wie von selbst füllte.

Also gab ich mich weiter mit den konversationellen Krumen zufrieden, die die beiden Teens in die Umgebung bröselten: Das Mädel war wieder bei den fünfzehn Minuten: Sehr wichtig sei so 'ne Zeit für sie ja nicht, denn richtig gekommen sei sie ohnehin noch nie.

Das Krächzen des Jungen klang daraufhin irgendwie bestürzt.

Nö, sagte sie, sie hätte da auch mit ihren Freundinnen drüber gesprochen, das gehe allen so. Das Kommen, erklärte sie ihrem Freund, das Kommen, das komme wohl erst später.

Mit dieser Auskunft gab sich der blaue Junge zufrieden, und das Gespräch war einstweilen beendet.

»NÄCHSTER HALT: HANNOVER HAUPTBAHNHOF. BITTE ALLE AUSSTEIGEN, DIESER ZUG ENDET HIER!«

Erst jetzt hörte ich die beiden wieder aufgeregt tuscheln.

»Und wir? Was machen wir?«, fragte der blaue Junge mit heiserer Stimme.

»Wieso?«, fragte seine Freundin mit Recht.

»Möchtgradnichaufstehen«, nuschelte er und korrigierte sich: »Kann grad nicht aufstehen. Wollen wir nicht sitzen bleiben, bis alle anderen raus sind?«

Sie lachte. »Nee, komm, steh auf, Mann.«

Sie stand schon im Sitz und grinste ihm das entgegen, was eine Vierzehnjährige für ein anzügliches Grinsen hält, und ich muss sagen: Es sah sogar fast nach siebzehn aus.

Was hatte das Teen-Pärchen da die ganze Zeit eigentlich gemacht? Wo zum Teufel hatten sie ihre Hände gehabt? Meine Güte! Von Nienburg/Weser bis Hannover/Hauptbahnhof waren es einunddreißig Minuten. Einunddreißig Minuten geteilt durch neununddreißig Sekunden, das ergibt sechsundvierzigmal Kommen. Er hatte damit ja keine Probleme. Herrgott, wie verkleckst war er?!

»Okee«, sagte der Junge und zupfte im Aufstehen sein kariertes Hemd so zurecht, dass es vorm Schritt einige verdächtig unverdächtige Falten warf. Ach, diese lustigen Teenagerprobleme!

So standen sie im Gang. Bis sich die Zugtür öffnete, schaute der blaue Junge mit seinen irrational blauen Augen einmal im Waggon in die Runde, reihum plumpsten Fahrgäste erschlagen zurück. »Krass krass krass«, wimmerte es überall zwischen Sitzschalen hervor.

Das müssen doch Kontaktlinsen sein! Die gab's doch zur Hose

dazu! »Special Offer: skyblue skate pants urban style with matching contact lenses. Hau deine Umgebung um – mit nur einem Blick.«

»Wollen wir noch was essen, *vorher*?«, fragte das Mädchen.

»Klar«, sagte der Junge. »Pizza?«

Im Bahnhofstunnel verlor ich das Teen-Pärchen irgendwo im Gedränge. Der Junge brannte mit seinen Augen eine Schneise ins Gewimmel, hinter den beiden torkelten »krass-krass-krass«-murmelnde Menschen verwirrt gegen Schaufensterscheiben.

In meinem Roman bleibt Joshua zehn. Aber wenn er mit meiner Handlung durch ist, soll er bitte so ein properer Teen werden wie der blaue Junge im Zug. Pubertät kann die Hölle sein, doch manchmal können Pubertierende in ihrer Tapsigkeit jedes Eisbärbaby in ihren schlaksigen Schatten stellen.

Versonnen schlenderte ich zu meinem Anschlusszug, auch wenn ich plötzlich unbändigen Heißhunger auf Pizza verspürte.

Neununddreißig Sekunden ... – Hatte ich zu Hause eigentlich eine Stoppuhr?

> Macht Sex Spaß?
> ☐ Ja
> ☐ Nein
> ☐ Vielleicht
> ☐ Weiß nicht

Georg Weisfeld

Das Jubiläum

- Schulze, guten Tag.
- Hallo, hier ist Georg. Spreche ich mit Norbert?
- Ja.
- Hallo ... ähm, kann ich die Anne mal sprechen?
- Meine Frau ist gerade nicht da.
- Ich wollte fragen, ob sie am nächsten Samstag kommt? Ich hatte ihr schon ein paar E-Mails geschrieben, aber die wurden nie beantwortet.
- Worum geht es denn?
- Na, es geht um die Feier ...
- Ähm ... nee, davon hat sie mir nichts erzählt. Glaube nicht, dass sie kommt, da wir immer nur zusammen zu Feierlichkeiten gehen ...
- Ähm, nee. Also Sie sind da ja gar nicht eingeladen. Da kommen gar keine Männer – nur Ex-Freundinnen: Ich feiere nämlich »Zwanzig Jahre Geschlechtsverkehr«.
- Nein, zu so etwas geht meine Frau nicht hin! Auf Wiederhören. Rufen Sie bitte nicht ...
- Warum kommt sie nicht? Oder feiert sie selber?

- Wie jetzt?
- Na, es ist ja auch ihr sexueller Ehrentag! Das habe ich ihr ja schon vor fünf und auch schon vor zehn Jahren vorgeschlagen: »Anne«, habe ich gesagt, »lass uns zusammen feiern!« Ich habe übrigens jetzt das Laken aus dem Schuppen meines Onkels gefunden, das hänge ich an die Wand ...
- Meine Frau kommt nicht, auf Wiederhören.
- Vielleicht kann sie aber am Dienstag ...
- Warum jetzt Dienstag?
- Da feiere ich »Zwanzig Jahre Oralverkehr« – Da kann sie vielleicht noch von meinen anderen Ex-Freundinnen lernen.
- Ähm, ja, ... vielleicht schicke ich sie da mal vorbei.
- Norbert, du Schwein! Gib mir den Hörer! ... Hallo, hier ist Anne ... Du Perverser, ich will nicht, dass du hier ständig anrufst und uns mit deinen Orgien belästigst!
- Du bist ja doch da ...
- Ja, als ich deine Nummer gesehen habe, sollte Norbert dich abwimmeln, aber ...
- Anne, du musst vorbeikommen, ohne dich macht diese Party keinen Sinn!
- Nein, ich komm nicht!
- Anne, das ist nicht fair. Du hast mir meine Unschuld geraubt!
- Ach, und du mir meine etwa nicht?
- Aber du warst schon über achtzehn und ich noch Jugendlicher. Außerdem warst du das Pastorentochterluder, dem ich nicht widerstehen konnte! Ich liebe dich noch immer. Komm zu mir zurück ...
- Georg, ich bin verheiratet ...
- Und was ist mit dem Kind, das wir in jener Liebesnacht gezeugt haben?
- Welches Kind?
- Ich wusste, dass du das abstreiten würdest, aber nenne mir eine Pfarrerstochter, die nach ihrer Entjungferung nicht schwanger wurde.
- Georg, das ist albern ...

- ... und weil es sich für eine Pastorentochter nicht geziemt, wurde unser Kind zur Adoption freigegeben ...
- Du bist krank, tschüss.
- Warte! Denn ich habe dieses Kind in einem Waisenhaus gefunden: Kevin, unser Sohn. Kevin, sag was zu deiner Mutter ...
- Hallo, Mama. Ich vermisse dich.
- Du hast doch nur deine Stimme verstellt, Georg!
- Das stimmt, aber jetzt stell dir vor, diese verstellte Stimme ruft täglich in der Firma deines Mannes an und will den Stiefpapa sprechen, weil die Mama ihr Kind verstoßen hat ...
- Triff dich mit diesem Idioten, Anne, und zwar am besten Dienstag!

III. Wie ist das dann so?

Sabrina Schauer

Toyboy

»Macht Sex Spaß?«, fragt mein zukünftiger Toyboy.

Ich denke, eigentlich müsste es heißen: »Macht + Sex = Spaß«. Aber eine Frage ist das eigentlich nicht.

»Macht es nicht?«, fragt er mit großen, erwartungsvollen Augen. Er sieht ein bisschen ängstlich aus, aber so habe ich vor meinem ersten Mal auch ausgesehen.

»Warum sollte es denn keinen Spaß machen?«, frage ich.

»Weil du nicht geantwortet hast.«

»Weil man beim Sex nicht redet«, sage ich. »Sexregel Nummer 1: Halt die Klappe. Rede nicht von dem, was du auch tun kannst.«

»Und was ist mit Dirty Talk?«, fragt er ganz ehrfürchtig.

»Was soll damit sein? Das sind halt dreckige Gespräche«, sage ich.

»Ich weiß, was das ist. Aber damit würde man Sexregel Nummer 1 brechen.«

Ich denke einen Moment nach: Entweder versteht niemand diese Sexregel Nummer 1, oder wir befinden uns definitiv gerade nicht im Vorspiel, und es wird gleich keinen Sex geben.

»Dirty Talk ist fürs Telefon«, erkläre ich.

»Aber es gibt doch auch Leute, die machen Dirty Talk im Bett«, sagt er und geht mir mit seiner Beharrlichkeit langsam auf die Nerven.

»Es gibt auch Menschen, die hängen sich mit einem Strick in den Wandschrank und spritzen in ihren Wintermantel.«

»Neeeein«, sagt er ganz erstaunt. »Ist das ein Fetisch?«

»Das ist Sexregel Nummer 2: Fetische werden nie ohne vorherige Absprache ausgelebt.«

»Hast du einen Fetisch?«, fragt er.

»Ja, ich lasse mich gern ans Bett fesseln.«

»Warum?«

»Wie, warum?«

»Na ja, du hast doch selbst gesagt, Fetische werden nie ohne vorherige Absprache ausgelebt«, sagt er und setzt ein feistes Grinsen auf, das echt abtörnend ist.

»Hör mal, Sex soll kein Freud'sches Erlebnis werden. Man spricht vorher lediglich ab, was für einen Fetisch man hat, nicht warum man einen hat.«

»Und wenn nun mein Fetisch wäre, vorher über den tieferen Sinn von Fetischen zu sprechen?«

»Dann geh halt in eine Gesprächsgruppe mit Menschen, die sich dafür interessieren.«

»Hast du zufällig auch den Fetisch, herrisch zu sein?«, fragt er und grinst wieder feist.

»Sexregel Nummer 3: Sex heißt Ernst. Humor ist zwar schön, wenn etwas schiefgeht, aber ansonsten ist er ein Lusttöter«, sage ich, und ich denke, das habe ich jetzt sehr nachdrücklich gesagt.

»So richtig Spaß macht das hier aber gerade alles nicht«, äußert er seinen Unmut, der mich gerade so gar nicht interessiert.

»Spaß macht, was erlaubt ist«, sage ich. »Siehe Regeln 1 bis 3.«

Ich glaube, erkennen zu können, dass er eine Flunsch zieht.

»Können wir dann anfangen?«, fragt er.

»Du sagst das so, als würde es hier um Arbeit gehen.«

»Das erinnert mich auch gerade sehr an die Einführung in die Sicherheitsbestimmungen am Arbeitsplatz bei meiner Lehrstelle.«

»Mann, du hast mich doch gefragt, wie Sex funktioniert. Wenn dir die Antwort nicht gefällt, dann hast du Pech gehabt«, sage ich.

»Ja, können wir dann anfangen?«, fragt er, und ich spüre eine gewisse Feindseligkeit in seinem Unterton.

Männer Anfang zwanzig haben vielleicht noch einen knackigen Körper, aber noch kein ausgeprägtes Taktgefühl. Einige werden das auch nie bekommen.

Ich stehe auf und gehe zum CD-Player.

»Wo willst du denn jetzt hin? Ich dachte, wir fangen jetzt an«, sagt er.

»Ja, tun wir auch. Ich will nur etwas romantische Atmosphäre erzeugen«, sage ich und denke, dass der leichteste Weg zur romantischen Atmosphäre der ist, meinen Toyboy einfach vor die Tür zu setzen und es mir selbst zu machen.

Die ersten Klänge von der *Kuschelrock*-CD ertönen. Angeblich soll diese Art von Musik den Verstand beruhigen, aber die Libido locker-leicht tänzeln lassen. Man muss ja auf alles vorbereitet sein.

»Ich bin gleich wieder da«, sage ich und gehe ins Badezimmer. Eigentlich nur, um mich kurz abzureagieren, bevor ich gleich meinen neuen Fetisch entdecke, jüngere Männer zu verprügeln. Als ich wiederkomme, ist mein Toyboy verschwunden.

»Jonas?«, frage ich verwundert in den Raum hinein.

Keine Antwort, nur die Klänge von »Love is in the air« von John Paul Young ertönen, dessen Aussage ich gerade so gar nicht zustimmen kann.

»Jonas, willst du mich verarschen? Wo bist du?«, frage ich in doppelter Zimmerlautstärke.

»Ich bin in deinem Wandschrank und spritze in deinen Wintermantel. Muaaaahhhh«, grunzt es aus meinem Kleiderschrank, und dann macht er die Schranktür auf und kommt lachend heraus.

»Guck mal, was ich gefunden habe«, sagt er und hält mir rote Dessous mit halterlosen Strümpfen entgegen: »Willst du die nicht anziehen?«

»Nein«, sage ich. »Ich habe schon etwas anderes an.«

»Aber willst du mir nicht gefallen? Ich meine, darum geht es doch, oder?«

Es gab schon immer eine Sache, bei der ich für sinnvoll erachte, sie statt im Keller lieber unter dem Bett aufzubewahren: eine Axt.

»Nein, hier geht es gerade um Sexregel Nummer 1, und jetzt leg dich aufs Bett«, sage ich. Mein Toyboy wirft die roten Dessous brav in den Schrank zurück und legt sich aufs Bett.

»Soll ich dir eine Kerze anmachen, damit es romantischer ist?«, frage ich.

»Okay«, sagt er und zuckt mit den Schultern.

Ich hole eine große Kerze, zünde sie an und stelle sie auf die Kommode am Fußende des Bettes. Dann mach ich das Licht aus.

Ganz schön dunkel, denke ich, jetzt kann ich ja gar nicht mehr so richtig seinen athletischen Körper sehen, dafür sind meine Sinne jetzt für seine verbale Taktlosigkeit gestärkt. Ich versuche das zu ignorieren, ebenso wie den Scheißsong von dieser Scheiß-*Kuschelrock*-CD und die Scheißstimmung, die gerade den Scheißraum ausfüllt, und die Tatsache, dass ich mich gerade scheißunsexy fühle, weil ich die roten Dessous nicht anhabe. Mann, ich bin erfüllt von Ignoranz, was sag ich, ich bin das Universum der Ignoranz und war noch nie weiter entfernt von meiner Geilheit.

Ich setze mich auf ihn drauf und küsse ihn. Dann hält er wenigstens die Klappe. Ich ziehe ihm sein T-Shirt aus und warte immer noch darauf, selbst angefasst zu werden. Aber da sind keine Hände, die mich im Halbdunkel anfassen. Stattdessen leuchtet gerade etwas sein Ohr an, und dann klingelt mein Handy. Wenn ich verwirrt bin, werde ich bewegungslos und starre. Ich starre meinen Toyboy an. Er grinst und bedeutet mir mit seinen Augen, ans Handy zu gehen. Ich gehe ran und sage: »Hallo«.

»Dirty Talk«, haucht mein Toyboy durch mein Handy und vor mir in sein Handy.

Ich lege auf.

»Hihi«, grunzt er. »Ich breche die Regeln. Ich bin ein Badboy. Soll ich dich ans Bett fesseln?«

»Ja, unbedingt«, sage ich.

Klick, klick machen die Handschellen, und ich denke: Juhu, jetzt geht's los.

»Ich muss mal kurz für kleine Königstiger«, sagt mein Toyboy und verschwindet aus dem Zimmer.

Ich hasse meine bescheuerten Ideen, denke ich und trete wütend in die Luft. Zumindest denke ich, dass es die Luft ist, die sich verdammt hart anfühlt, so hart, wie sich sonst nur eine Holzkommode anfühlt, und da fällt die brennende Kerze auch schon aufs Bett. Etwas unbeholfen puste ich so vor mich hin, doch ich muss sehr schnell feststellen, dass ich zu weit weg liege. Da fängt die Bettdecke auch schon an zu brennen.

»Feuer«, schreie ich, »FEUER!!!« Aber niemand kommt.

»Feuer?«, frage ich mit zittriger Stimme und vollkommen verängstigt.

»Jungfrau in Not!«, schreit mein Toyboy aus dem Flur. »Ich eile zur Rettung.«

Die Tür geht auf, und in des Toyboys Gesicht ist pures Entsetzen zu sehen und zu meinem Leidwesen auch Hilflosigkeit.

»Oh mein Gott, es brennt ja wirklich«, schreit er und entleert sofort eine Flasche Wasser über der brennenden Bettdecke.

»Ich habe dein Leben gerettet, jetzt gehörst du mir. Hab ich mal in einer Zeitschrift über fremde Kulturen gelesen«, sagt er ganz stolz. Dann wirft er sich auf mich drauf und fängt an, mich wild zu knutschen, mit viel Zunge und viel Speichel, und ich denke, ich habe mir mein Gefängnis selbst gebaut, als ich die kalten Handschellen an meinen Handgelenken spüre.

Plötzlich hört er auf und guckt mich mit so einem Funkeln in den Augen an.

»Was ist?«, will ich wissen und zwar sofort.

»Was würdest du machen, wenn ich die Handschellen nie wieder öffne und du jetzt meine Sexsklavin wärst?«, erdreistet sich der Toyboy doch glatt zu fragen.

»Mach die Handschellen auf«, sage ich.

»Ich hab mal so ein Buch gelesen, da waren so eine Frau und ein Mann in ihrem Ferienhaus im Wald, und sie war gefesselt, und er ist dann gestorben, und sie ...«, erzählt er und ich unterbreche ihn: »Das hat er auch nicht anders verdient. Und jetzt mach die Handschellen auf.«

Mein Toyboy legt seinen Kopf ein bisschen schief und grinst satanisch.

»JONAS«, schreie ich und mein Toyboy seufzt enttäuscht. Dann macht er die Handschellen auf. Zu seinem Leidwesen, denn ehe er sich versieht, klatsch ich ihm eine, aber so doll, dass das bei ihm bis zu seinem Tod nachklingen wird.

Mein Toyboy sieht mich verdutzt an. Dann haben wir den ersten Sex seines Lebens.

Xavier Naidoo singt »Halte durch« und ich denke, recht so, immerhin bin ich hier diejenige, die alles macht, und dann frage ich mich, wer so einen Song bitte auf eine Sexmusik-CD packt.

Jonas, ich sehe es nicht ein, ihn weiterhin Toyboy zu nennen, weil er kein Spieljunge ist, sondern eher ein zu bespielender Junge, jedenfalls grunzt Jonas vergnügt vor sich hin. Ich denke derweil an einen flotten Dreier mit Johnny Depp und Jason Statham, nur, damit ich von dem Sex wenigstens auch ein bisschen was habe, und um mich von dem Gedanken an die fehlende Axt unter dem Bett abzulenken.

Eine Minute Missionarsstellung. Kommentar Jonas: »Ich dachte immer, Missionare wären heilige Männer, die keinen Sex haben dürfen.«

Eine Minute Reiterstellung. Kommentar Jonas: »Ich dachte immer, bei der Reiterstellung müsste der Mann auch eher oben sein, sonst müsste es doch eigentlich Reiterinnenstellung heißen, oder nicht?«

Eine Minute Doggy-Style. Kommentar Jonas: »Ah, jetzt versteh ich.«

Kommentar ich: »Nein, das glaube ich nicht.«

»Ist das nicht schön?!«, fragt/sagt/labert Jonas.

»Ja, es ist nicht schön«, sage ich.

Und plötzlich ist er ganz still und ganz bewegungslos und in meinem Augenwinkel kann ich sehen, dass er vor sich hinstarrt, und ich frage mich, warum er denn jetzt verwirrt ist.

»Geht's dir nicht gut?«, frage ich.

Dann kommt ein leises Stöhnen, und er sagt: »Ging mir noch nie besser«, dann fällt er von mir ab und legt sich neben mich.

Mit leerem Blick sehe ich ihn an und denke, sich einen jugendlichen Lover zu besorgen ist mehr als Leichtsinn. Es grenzt an Wahnsinn.

»Wie war ich?«, fragt er, und seine blauen Augen strahlen mich an.

Ich beginne zu weinen.

»Ich habe mal in einer Zeitschrift gelesen«, beginnt er, »wenn eine Frau nach dem Sex weint, dann war es besonders schön für sie, und es hat sie ganz tief im Inneren berührt.«

Ich höre auf zu weinen.

»Ich glaube, du liest zu viel«, sage ich.

»War's für dich denn nicht genauso schön wie für mich?«, fragt er.

»Sexregel Nummer 4«, schreie ich. »Wenn man nichts Nettes zu sagen hat, dann hält man die Fresse. Gute Nacht.«

Aus dem CD-Player kommen die ersten Klänge von »Time to say goodbye«, und ich liebe Sarah Brightman für ihr perfektes Timing.

Ich drehe mich um und schlafe lautstark schnarchend ein.

Macht Sex Spaß?
☐ Ja
☐ Nein
☐ Vielleicht
☐ Weiß nicht

Peter Parkster

Stalingrad

Sie stand im Bad wie versteinert. Den Blick geradeaus in den Spiegel gerichtet, die leeren Pupillen auf nichts fixiert. Langsam sammelte sich die Flüssigkeit in ihrem rechten Augenwinkel, bis ihr schließlich eine einzelne Träne über die Wange rann.

»Der Zweite Weltkrieg war ein fürchterliches Grauen«, dachte sie. Ein nie dagewesenes Beispiel für die Kälte und Grausamkeit, zu der die Menschheit fähig ist. Vor allem der Rückzug aus Russland nach der Niederlage von Stalingrad und der ausgegebene Führerbefehl, nichts als »verbrannte Erde« zurückzulassen, waren für Land und Leute verheerend. Verbrannte Erde. Alles sollte zerstört werden. Keinerlei fruchtbare Basis zurückbleiben, auf der neues Leben aufbauen könnte. Und die Wehrmacht hatte gehorcht. Nichts war übrig geblieben, das man noch in irgendeiner Weise hätte benutzen können. Es blieben nur Tod, Ödnis und Elend, nachdem sich Hitlers Armee zurückgezogen hatte.

Diese Gedanken kamen Cornelia nach dem Sex mit Ralf.

Sie fühlte sich wie Stalingrad, und die vergangenen sieben Minuten lang war Ralf die Wehrmacht gewesen. Hatte sie belagert, immer wieder den Vorstoß gewagt, aber nicht geschafft, und sie in ein emotionsloses Scharmützel ohne wirklichen Sieger gezwungen.

Das Schlimme an der Sache war, dass Ralf sich tatsächlich für eine Offenbarung im Bett hielt. Er sah sich als Gewinner der Schlacht, der mit schwerer Artillerie den Feind besiegt hatte. Dabei war Ralfs Artillerie meistens eine Faustfeuerwaffe. Und außerdem ein Rohrkrepierer, der überdurchschnittlich viele Blindgänger verschoss. Dieser spärlich behaarte, jedoch üppig bebauchte Genitalspecht dachte jedoch wahrhaftig, dass er mit dem Pinsel ähnlich begabt wäre wie Picasso. Als er auf Cornelia eingehackt hatte wie ein kanadischer Holzfäller auf Koks, war er sich vorgekommen, als wäre er der König der Welt. Und hatte das sogar laut gestöhnt. Ralf fühlte sich als Gottes Geschenk an die Frauen. Als Hohepriester vom »Orden der üppig ausgestatteten Schwengelmönche«.

In Wirklichkeit war er jedoch das Gegenteil. Mehr so die Geißel des Geschlechtsverkehrs. Die Kapitulationserklärung der Kopulation. Der Fluch des Ficks. Er war zu Gottes Vögelwerk Teufels unfähiger Beitrag. All diese Dinge dachte Cornelia, als plötzlich die Badezimmertür aufging und sich der rundlich-reudige Rammelrambo hüftschwingend und mit einem süffisanten Grinsen im Gesicht zu ihr gesellte und die Frage stellte, auf die sie schon gewartet hatte: »Na, Kleine. Wie war ich?«

»Schnell fertig«, dachte Cornelia und bedauerte still, dass der Russlandfeldzug nicht ebenfalls so schnell vorbeigewesen war.

Sie lächelte Ralf still an, und weil ihn die Antwort eh nicht interessiert hatte, gab er sich damit zufrieden. Während der Hochgeschwindigkeits-Ficker zum Fernseher schlenderte und sich die große N24-Reportage *Unternehmen Barbarossa* ansah, blickte Cornelia erneut in den Spiegel und stellte sich die eine entscheidende Frage: »Wie hatte es nur so weit kommen können?«

Noch vor wenigen Monaten hatte sie eine harmonische Beziehung mit Christian, ihrem langjährigen Freund, geführt. Dann jedoch, hatte dieser sich plötzlich entschieden zukünftig einer neunzehnjährigen Solariumsangestellten beizuschlafen und Cornelia den Laufpass zu geben. Er bot ihr zwar an, dass man weiterhin befreundet bleiben könne, nahm dieses Angebot aber zurück, als sie die Windschutzscheibe seines Audi A8 mit demselben Baseballschläger einschlug, der zuvor schon seinen Zweiundvierzig-Zoll-Plasmafernseher in Elektroschrott verwandelt hatte.

»Du blöde Schlampe!«, hatte er geschrien, als er noch Zähne hatte.

Seitdem waren nun ein paar Wochen vergangen, und Cornelia hatte den Entschluss gefasst, dass es so nicht mehr weitergehen konnte. Sie war gerade erst Mitte dreißig, ein Alter, in dem Frauen erst richtig aufblühen und sich so manche eher schlichte Knospe von früher in eine Blüte von strahlender Schönheit verwandele.

Die Versuche, in der Disco jemanden kennenzulernen, waren wenig erfolgreich gewesen. In normalen Diskotheken waren die Röcke der Mädels meist so kurz wie ihr Horizont, was dazu führte, dass die Mehrheit der Männer all ihre Konzentration auf die Kontrolle des Speichelflusses verwenden musste. Ein entspanntes Kennenlernen war mit diesen Typen nicht möglich. Auf Ü30-Feten hatte sie es auch versucht, aber das hatte dann doch etwas von diesem klischeehaften »Resteficken«, von dem Cornelia Abstand halten wollte. Per Zeitungsannonce suchten vorwiegend Personen jenseits der sechzig einen Partner, und so war Cornelia nur das Internet geblieben.

Sie hatte sich bei *ElitePartner* angemeldet, denn wer gibt sich schon mit weniger als der Elite zufrieden? Nein, so eine Resterampe unter den Datingplattformen war gar nicht in Frage gekommen. Cornelia hatte sich ein Profil angelegt und war dabei weitestgehend ehrlich geblieben. Von dem Profilbild, das von der Feier zu ihrem fünfundzwanzigsten Geburtstag stammte, mal abgesehen.

Sie durchforstete die Profile verschiedener Männer und war begeistert. Es war das Single-Traumland, gutaussehende, niveauvolle Männer en masse und alle alleinstehend. Zwar wunderte es sie kurz, dass so eine große Anzahl an Elite-Männern ihre Elite-Frauen nicht auch offline fand, aber so war das scheinbar, wenn man zur Elite gehörte. Man war beschäftigt, weil man so elitär und wichtig war und hatte für die altmodische Partnersuche keine Zeit mehr.

Das Profil von Ralf hatte Cornelia gleich am zweiten Tag entdeckt, als ihr besonders das Foto dieses gutaussehenden Muskelmanns ins Auge gefallen war. Er beschrieb sich als ehrlich, treu, gutherzig, sportlich, charmant, witzig, ausgeglichen und 1,90 Meter groß. Das war ziemlich perfekt.

Zu perfekt, wie Cornelia hätte ahnen können, denn so perfekt war niemand, außer vielleicht Brad Pitt oder George Clooney, aber auch die nicht wirklich und überhaupt – und vor allem Ralfs Hobbys hätten ihr spanisch vorkommen sollen, denn da stand »Fußball (gucken; Schalke)«, »Bücher über Kannibalismus« und »Photoshop«. Vor allem mit letzterem war er definitiv besser vertraut als mit dem Kamasutra, Einfühlungsvermögen oder Körperpflege, und so beschloss Cornelia, das Experiment *ElitePartner* sofort zu beenden und mal gänzlich neue Wege zu gehen.

Sie ging ins Wohnzimmer, wo der Schnellficker auf der Couch saß, sich von Dieter Kronzucker erklären ließ, dass es eine saublöde Idee war, im Winter Krieg in Russland zu führen und sich erst an den Hoden kratzte, bevor er in die Gummibärchen griff.

Er drehte den Kopf zur hinter ihm stehenden Cornelia.

»Was geht?« Er sah sie mit fragendem Blick an.

»Du!«, antwortete Cornelia. »Und zwar besser schnell und endgültig!«

Kurz hatte Ralf empört etwas entgegnen wollen, aber der Blick in Cornelias Augen und der gleichzeitige Halbsatz Kronzuckers »... und so war Rückzug die einzige Alternative, mit dem Leben davonzukommen« ließen ihn verstummen und mit – im wahrsten Sinne des Wortes – eingezogenem Schwanz die Wohnung verlassen.

Zehn Minuten später stand Cornelia erneut im Bad und begann, sich zu schminken. Sie zog ein knappes Top an, das ihre Brüste ausreichend zur Geltung brachte und eine Stoffhose, die eng anlag und jedem, der es sehen wollte, zeigte, dass sie keine Unterwäsche trug. Gleich würde sie sich ein Taxi rufen und sich zu dem Club beim Rathaus bringen lassen, in dem heute Abend eine Ü30-Party stieg.

Allerdings nicht, um dort Männer aufzureißen, sondern weil dort Melissa am Tresen arbeitete. Und die immer etwas verrucht auftretende Barfrau hatte auf Cornelia schon länger ein Auge geworfen ...

Macht Sex Spaß?
☐ Ja
☐ Nein
☐ Vielleicht
☐ Weiß nicht

Echt eklig

Man mag mich pingelig nennen, aber ich habe mit meiner Freundin Schluss gemacht, als der Satz fiel: »Wenn man oben den Schimmel wegkratzt, geht's eigentlich.« Ich hätte ja nichts gesagt, wäre es um die Marmelade beim Frühstück gegangen, aber beim Oralverkehr? *(Björn Högsdal)*

Petra Brumshagen

Die Borowski

Warum Bettina Borowski und ich hier nebeneinander auf zwei wackligen Stühlen sitzen und darauf warten, aufgerufen zu werden, hat einen ungewöhnlichen Grund. Bettina Borowski ist meine Chefin. Nein, sie *war*.

Vor drei Wochen kam der Abteilungsleiter in die Büros und trommelte uns alle zusammen. Lukas, mein Lieblingskollege, und ich, waren gleich sicher: Der geht! Und richtig, er gab bekannt, dass es bereits eine Nachfolgerin für seinen Posten gebe. Keiner war überrascht, keiner betroffen, es wurde nur getuschelt, wer denn wohl diese arme Irre sei.

Eine Woche drauf sehen wir sie. Die Oberbefehlshaberin Borowski. Eine durch und durch attraktive Erscheinung. Aber ebenso stahlhart und unberechenbar.
    Ich schreibe Lukas, der drei Büros weiter sitzt, gleich eine Chatnachricht, als ich die Neue auf dem Gang erblicke.
    »Sie ist da. Geht gerade durch die Büros.«
    »Und, was macht sie für einen Eindruck?«

»Hart, eiskalt. Mal gespannt.«
»Oje«, kommt es zurück.
Ich klicke hastig das Fenster weg, als sie auf mein Büro zukommt. Nahezu militärisch stramm streckt sie mir ihre Hand entgegen. Sie ist etwa einen halben Kopf größer als ich, hat ihre brünetten Haare zu einem festen, strengen Zopf zusammengebunden und trägt eine modische, weinrote Brille, die allerdings ihrer unterkühlten Persönlichkeit noch mehr Kälte verleiht.

»Schönen guten Tag, ich bin ab heute Ihre Abteilungsleiterin, Borowski mein Name.« Ich schüttle ihre Hand, und nach einem kurzen Ruck zieht sie ihre sofort wieder weg.

»Melanie Hausmann«, gebe ich kleinlaut zurück. »Vertrieb Innendienst.«

Sie nickt kurz und geht dann kommentarlos weiter. Sprachlos setze ich mich zurück auf meinen Schreibtischstuhl. Was für eine Frau!

Wenige Minuten später ploppt das kleine Mitteilungsfenster auf meinem Bildschirm wieder auf.

»Was für eine ätzende Kuh«, schreibt Lukas.

»Ich weiß nicht«, maile ich zurück. »Die hat irgendwas, aber ich weiß noch nicht, was.«

»Ich aber«, antwortet er, »einen Mordsstock im Arsch.«

Ab diesem Tag rückt unsere tägliche Arbeit immer mehr in den Hintergrund, unsere Gespräche und meine Spekulationen über unsere neue Chefin beherrschen Lukas' und meinen Alltag.

Das erste Meeting mit ihr ist der Wahnsinn. Alle Kollegen sind bis aufs Äußerste angespannt. Inklusive meiner Person. Jedoch nicht, weil ich Angst vor ihr habe, nein. Ich finde sie kurz gesagt rattenscharf. Ich bin sicher, dass sich hinter dieser strengen Frisur und der Designerbrille eine umwerfende Sexgöttin versteckt. Ich beobachte sie genau, während sie mit dem Laserpointer die Wand punktiert und allerlei Zeug von Marktanalysen, Marktbeobachtungen, Marktsegmenten und Marktsondierungen erzählt.

Zurück auf meinem Platz maile ich Lukas meine kühnen Interpretationen.

»Was? Die findest du heiß? Ich find sie schrecklich«, schreibt er zurück.

»Das ist doch alles nur Fassade«, analysiere ich. »Ich wette, die macht nur versautes Zeug.«

»Red keinen Blödsinn«, meint er. »Die ist so prüde wie die Jungfrau Maria.«

Es klopft an meinem Türrahmen, und ich schrecke hoch, als ich genau in Borowskis Gesicht sehe. Mit ernster Miene mustert sie mich. »Ich brauche von Ihnen die Kalkulationen der letzten drei Jahre. Aufgeschlüsselt in Geschäftsbereiche, mit Analysen und allem Pipapo. Ich gehe jetzt durchs Haus und werde mich mit allen anderen Abteilungen vertraut machen. Bitte bis 16 Uhr alle Unterlagen auf meinen Schreibtisch.«

Sie macht auf dem Absatz kehrt und verschwindet. Wow!

Nervös teile ich Lukas die Neuigkeiten mit: »Ich sag dir, ich habe recht. Die legt ein Tempo an den Tag, das ist nicht mehr menschlich.«

»Eben«, erwidert er. »Außerirdisch, bescheuert, völlig hirnverbrannt.«

»Aber du weißt doch, dass genau die, die nach außen hin überhaupt nicht so scheinen, in Wahrheit die Schlimmsten sind«, versuche ich, ihn zu überzeugen.

»Alles nur Klischeegelaber«, meint er.

»Ich wette, dass sie heimlich darauf wartet, sich auf dem Schreibtisch flachlegen zu lassen.«

Kurz darauf klingelt mein Telefon. Lukas lacht hinein. »Sorry, aber du bist vollkommen bescheuert.«

»Nein, ich kann's mir förmlich vorstellen. Ich reiße ihr das graue Jackett auf, sodass die Knöpfe nacheinander abspringen.«

»Und dann ihr Korsett«, gröhlt Lukas belustigt.

»Ja, vielleicht, aber das krieg ich schon hin. Macht's ja noch spannender.«

»Na dann, viel Spaß«, witzelt Lukas. »Du musst dir, glaub

ich, keine Sorgen machen, dass dir da jemand in die Quere kommt.«

»Schade eigentlich«, seufze ich. »Konkurrenz belebt das Geschäft.«

Als ich weitersprechen will, klopft es abermals am Türrahmen. Erschrocken drehe ich mich um. Schon wieder steht sie da. Sofort lege ich auf und will mich rechtfertigen: »Frau Borowski, um Punkt vier bin ich mit allem durch, versprochen.«

Sie schüttelt den Kopf und zeigt mit dem Finger auf mich. »Sie kommen bitte mal mit.«

Ich folge ihr den Gang entlang bis zu ihrem Büro. Sie lässt mir den Vortritt und macht nach sich die Tür zu. Dann breitet sie die Arme auseinander und sieht mich herausfordernd an. »Na bitte, machen Sie schon.«

Irritiert und fragend schaue ich sie an. »Was denn?«

»Na, Sie wollen mir doch das Jackett vom Leib reißen. Also, worauf warten Sie denn noch?«

Geschockt stehe ich da. Das ist dann jetzt wohl das Ende, denke ich noch, und versuche, Worte zu finden. »Sie, Sie haben sich wohl als erstes die Kommunikationsabteilung angesehen, nehme ich an?«

»Reden Sie nicht, machen Sie endlich. Ich hab nicht den ganzen Tag Zeit.«

Ich fummle nervös an meinen Fingern und stottere vor mich hin. »Hören Sie, ich weiß, es tut mir leid, es war vollkommen bescheuert, und Sie werden mir jetzt sicher eine Abmahnung erteilen, was ich absolut verstehen kann, aber ...«

»Jetzt halten Sie endlich Ihre Klappe und legen Sie sich ins Zeug!«

Das meint sie doch niemals ernst. Das ist einer dieser fiesen Tests. Selbst wenn sie die wildeste Stute des Planeten ist, sie wird doch nicht um 12.30 Uhr hier mit mir irgendwas starten wollen. Nein, darauf falle ich nicht rein.

»Okay«, sage ich und räuspere mich. »Das ist ein geschickter

Test. Aber hören Sie doch, ich weiß, es war schamlos und ganz ganz ...«

Doch ich komme mit meinen Worten nicht weiter, denn sie zieht mich an sich. »Wenn Sie jetzt nicht sofort mein Jackett aufreißen und über mich herfallen, haben Sie ein ernsthaftes Problem.«

Ich schlucke. Sie meint es tatsächlich ernst. Oder dieser Test hat mehrere Phasen.

»Ich zähle bis fünf.«

Lukas hat recht, die spinnt.

Dann schlägt sie mir plötzlich auf die Finger, und im Affekt entfleucht mir ein kleinkindhaftes »Aua«. Doch dann nehme ich all meinen Mut zusammen und reiße ihr das Jackett auf. Dann die fliederfarbene Bluse mit der Stickerei. Die Knöpfe fliegen durch die Luft wie der Inhalt eines Tischfeuerwerks.

Und kurz darauf fliegt noch was. Nämlich die Tür auf. Herr Große-Baumgart, der Geschäftsführer. Ihm steht der Mund offen. Ein Knopf rollt ihm vor die Füße, starr blicken die Borowski und ich in seine Richtung. Langsam nehme ich meine Hände von ihrer zerrissenen Knopfleiste.

All das war gestern. Und heute? Hab ich die Nummer »837« gezogen. Und die Borowski die »838«. Wer von uns zuerst wieder eine Arbeit hat, muss die andere zum Essen einladen.

> Macht Sex Spaß?
> ☐ Ja
> ☐ Nein
> ☐ Vielleicht
> ☐ Weiß nicht

Paul Bokowski

Der Schwabe

frei nach Edgar Allen Poe

*Einst, an einem Mittwoch, gräulich, da daheim ich hockte, maulig,
träge über manchem alten Foto der verlorenen Affär',
da der Trieb schon kam gekrochen, scholl auf einmal dieses Pochen,
gleichwie wenn ein dicker Knochen, pochte mir vom Schritte her.
»Es ist die Lust wohl«, raunte ich, »die da schwillt so pochend zu mir her.
– Gleich mein Ding, besorg ich's dir!«*

*Ja, ich kann's genau bestimmen, vor zwei Wochen war's, beim Schwimmen,
und der Sonne heißes Glimmen machte mir die Triebe schwer.
Brünstig wünscht ich mir Verkehr, fand im Internet nur schwer
einen Mann zum Trost den Sorgen, ob René wohl glücklich wär,
Ob René, den ich verloren, bei Roberto glücklich wär.
Bei Roberto, hier nicht mehr!*

Und der fleischig weiche Drang in dem purpurnen Behang
füllt', durchwühlt' sich mit Begehren, wie ich's nie gefühlt vorher.
Also dass ich den, wie tollen, Hilferuf musst' wiederholen:
»Ich such Besuch nur, der ohn' Grollen, in den Stadtteil kommt – zu mir.«
»Nur ein später Gast, zum Fummeln, ist das mittwochs denn so schwer?«
Etwas Sex, nichts weiter mehr!

Eine Nachricht stoppt' mein Bangen, und so sprach ich unbefangen:
»Lust, du Sau? Ich warte gierig! Komm doch einfach zu mir her;
fummeln, knutschen, Liebe machen, gerne auch Geschlechtsverkehr!
So dass morgen einem von uns beiden fällt das Laufen sichtlich schwer!
Doch nun sag, mein holder Retter, wo im Kieze kommst du her?«
Nebenan? – Ich werd nicht mehr!

In den Bildschirm späht ich lange, zweifelnd, wieder seltsam bange,
Träume träumend, wie keine Libido sie träumte je vorher;
doch die Stille gab kein Zeichen, keine Nachricht wollt' erreichen –
meine Sehnsucht mocht' nicht weichen. War die Antwort denn so schwer?
Plötzlich tat sich auf ein Fenster! »Gut. Ich komm«, verriet es mir.
»Gut. Ich komm.« – Nichts weiter mehr!

Da ich nun Erlösung ahnte, und mein Herz wie Feuer brannte,
hört' ich abermals das Pochen, deutlich lauter als vorher.
»Nicht mehr lang!«, ich flüsternd sprach. »Gleich kommt einer
                                                und hilft nach!
Er ist schon auf seinem Wege, und wird hier sein, eh ich's dir erklär!
Drum schweig jetzt still, mein guter Penis, ist das Warten denn so schwer?
Hör, da läutet's! Bittesehr!«

Auf warf ich die Wohnungstür, als vom Flur herein zu mir,
schritt ein stattlich stolzer Schwabe, wie vom Prenzelberge her;
grüßen lag ihm nicht im Sinne, keinen Blick lang hielt er inne.
Mit dem hochgestellten Kragen flog durch meine Wohnung er!
Ließ im Schlafzimmer sich nieder, arrogante plumpe Glieder,
                                seine Hose öffnet er,
starrt' mich an – nichts weiter mehr.

Dieses Polohemdenwesen ließ die Geilheit rasch genesen,
ließ mich grinsen ob der Miene, die es zog so cool und schwer:
»Willst du erstmal etwas trinken? Lass mich schauen, was ich habe.«
»Ach, warum denn bloß ein Schwabe?«, dacht ich still und
grämt' mich sehr.
»Sag, wie war noch gleich dein Name? Das Erinnern fällt mir schwer.«
Sprach der Schwabe: »Kämscht jetzt her?«

Staunend hört' dies plumpe Klingen ich dem Schwaben sich entringen,
gleich als schütte seine Seele aus in diesen Worten er.
Keine Silbe sonst entriss sich seinem BWLer-Wesen,
bis ich fühlte mich genesen, eine Antwort fiel nicht schwer.
Doch dann sah ich diesen Besen, aus dem Schritte zu mir her!
Sprach der Schwabe: »Willscht Verkehr?«

Einen Augenblick erblassend, ob der Antwort, die so passend,
sagt' ich: »Fraglos ist dies größer, als was ich je geseh'n vorher:
Diese Waffe macht Gemetzle. Großer Gott, das nenn ich Spätzle!
Würd mich glatt daran versuchen, aber glaub mir das wird schwer.
Bin ich selbst doch eher aktiv. Ganz besonders im Verkehr!«
Sprach der Schwab': »Dann lutsch ihn mir!«

Doch was Geiles ich auch dachte, dieses Ding mich schüchtern machte.
»Lass dir sagen, guter Schwabe, auch das Maultaschengehabe
liegt mir wenig. Das Devote ist nicht meine beste Note.
Gleichklang ist's, den ich begehr. Wie du mir, so mach ich's dir.
Küssen wär ein guter Anfang, Zärtlichkeiten lieb ich sehr!«
Sprach der Schwab: »Geschlechtsverkehr!«

Nehm ich jetzt den letzten Zweifel, ganz egal ob Tier, ob Teufel?
Ob ihn Stuttgart zu mir sandte, ob die Ödnis blies ihn her?
Kann ich dieses Ding bezwingen? Wird das Blasen nicht sehr schwer?
Die Gedanken kreisten eilig, und Besorgnis lag in mir.
Hätt ich doch René behalten, wär doch er stattdessen hier!
Doch René war nimmermehr.

»Sei denn dies mein Anpfiffzeichen«, dacht' ich, »Penis ohnegleichen!«
Doch kaum rührte ich daran, hatt' mich nicht mal ausgezogen,
fing das Ding zu zucken an, und in kleinem, feuchtem Bogen,
quoll's aus seiner prallen Spitze auf den Dielenboden schwer.
»Besen Besen, sei's gewesen. Kürzer ging es wohl nicht mehr!«,
sprach ich laut und lachte sehr!

Und der Schwabe rührt' sich nimmer, lag und schnauft' und
                                          zuckt' noch immer
auf der weißen Betteskante, deutlich kleiner als vorher.
In seinem fahlen Schritte schmollt' sein kleines Knopferl eingerollt,
und das Licht warf keinen Schatten: Denn sein Glied lag müd und schwer,
und es hob sich aus den Schenkeln, steif und hart als wie vorher,
dieses Ding so schnell nicht mehr!

Macht Sex Spaß?
☐ Ja
☐ Nein
☐ Vielleicht
☐ Weiß nicht

Birgit Süß

Und dann gab es da Jean Pierre ...

Ich mag Sex, und ich hatte schon Sex. Auch diesen Wahnsinnssex, wo man nur sagt: »Ahhh!« Aber nur selten, vielleicht einmal. Ansonsten war es meist dieses »Quietsch-quietsch-quietsch ...«, wo man verstohlen auf den Wecker schielt und nachrechnet, wie viele Stunden Schlaf einem noch bleiben. Beziehungsweise wie viel Schlaf man inzwischen hätte haben können. Oder man starrt die Zimmerdecke an und sieht, dass die mal wieder gestrichen werden müsste, und geht so in Gedanken die Farbpalette durch ... – üblicher Sex halt, und zwar mit Männern. Nicht mit Frauen. Nö, da guck ich mich an und denke: Hamwa schon, brauch ma' nicht. Ich will Abwechslung.

Ich hatte noch nie Sex mit Minderjährigen, auch nicht, als ich selber noch minderjährig war. Auch Tiere spielten bislang keine Rolle, wenn, dann nur als Zuschauer: Ich erinnere mich an einen völlig bekloppten Schäferhund, der die ganze Bude zusammenjaulte, als mich sein Herrchen in seiner Einzimmerwohnung vögelte. Das ließ sich davon nicht stören. Schlimmer noch: Es ließ sich davon wohl noch anfeuern. Ich hatte zum erfolgreichen Vollzug nicht so viel beizutragen, weil ich mir währenddessen die Ohren zuhielt und alle zwei Minuten »Scheißköter!« brüllte. Womöglich war es sogar das, was Herrchen angetörnt hat.

Ich bin überhaupt äußerst sensibel, was Nebengeräusche angeht: Ich kann mich schon nicht konzentrieren, wenn der Wecker zu laut tickt – und dann wollen manche noch Musik dazu hören! Musik! Und Flachlegmucke geht schon mal gar nicht! Ich bin nicht multitaskingfähig: Ich muss beim Einparken auch immer das Autoradio ausschalten. Wie soll ich mich also auf Beischlaf konzentrieren, wenn mir währenddessen *Metallica* akustisch eins auf die Zwölf gibt?

Ich hatte Sex mit Langhaarigen und Kurzgeschorenen, mit Sportlichen und Faulpelzen, mit Waschbrettbäuchen und Moppelmännern, es gab Kluge, und Doofe waren natürlich auch dabei. Und ich hatte Sex mit Jean Pierre.

Nennen wir ihn mal Jean Pierre, ganz einfach, weil er auch so hieß. Meine französische Eroberung.

Wenn eine Frau von irgendetwas träumt, dann davon, mal einen Franzosen ins Bett zu kriegen. Oder einen Italiener. Vielleicht auch einen Amerikaner. Eigentlich, egal was, Hauptsache irgendwas im Bett. – Nein, das ist nicht wahr. Aber mal was anderes halt: etwas nicht Alltägliches. Und das war Jean-Pierre.

Ich hatte ihn in Frankreich kennengelernt, in den Sommerferien direkt nach dem Abi. Als er dann mal in Deutschland war, kam er mich besuchen. Klasse! Seine Freunde hatte er gleich mitgebracht, damit die auch ein bisschen von der Welt sahen. Wir verstauten sie auf einem nahe gelegenen Campingplatz und begannen dann umgehend damit, unsere Fernbeziehung zu intensivieren.

Jean Pierre sprach kein Deutsch, ich nur ein wenig Französisch, aber wir beide beherrschten die Sprache der Liebe. Und nicht nur das!

Ich fand ihn so was von scharf! Er war nicht einer dieser schmalbrüstigen Louis-de-Funès-Typen mit Baguette unterm Arm. Nein, Jean Pierres Vorfahren stammten aus Martinique oder Guadeloupe oder aus irgendeinem anderen französischen Kolonialstaat – »Jawohl«, möchte ich dazwischenrufen, »es lebe die Kolonisation!« –, Jean-Pierre war ausnehmend gutaussehend, groß, er hatte einen dunklen Teint wie Mousse au Chocolat und den Körper eines Zehnkämpfers.

Wir interessierten uns natürlich für eine andere Disziplin und landeten umgehend in der Kiste.

Vorher machten wir uns wohl nackig, zumindest gehe ich davon aus. Ich habe keine Erinnerung mehr daran, wer wem was über den Kopf gezerrt, aufgeknöpft oder von den Hüften gerissen hat. Das sind Details, da halte ich mich selten mit auf. Wir knutschten, wir schwitzten, er flüsterte mir unanständiges Zeug ins Ohr, zumindest hoffte ich, dass es was Unanständiges war, und die ganze Zeit erfreute ich mich an seinem unglaublichen Anblick. Was für ein gutgebautes Kerlchen! Und das hier mit mir, in diesem Augenblick!

Da braucht es gar nicht viel mehr. Da langen die Leidenschaft, ein paar schöne, intensive Küsse, ein bisschen Spaß bei der Sache, ein beherzter Griff hie und da, und schon läuft's rund. Da muss man nicht das Kamasutra rauf- und runterturnen, sich die Kniekehlen auf dem Teppich wundschubbern oder sich in irgendwelchen Nippelklammern verheddern – nö. Einfach einfacher, guter Sex. – Es hätte so schön sein können.

Gerade will ich mich an Jean Pierre entlang nach unten vorarbeiten, da greift er mir beherzt unter die Achseln und zerrt mich wieder nach oben. Oh! Was wird denn das?, denke ich.

Und als ich seinen Blick sehe, ahne ich: Oha, da hat einer was vor.

Er flüstert mir etwas ins Ohr. Ich lausche angestrengt. Und verstehe: nichts. Mein Französisch ist gerade mal ein besseres Schulfranzösisch, aber keinesfalls ausreichendes Bettfranzösisch.

Und wenn es etwas gibt, das im Bett absolut abtörnt, dann eine mit vor Erregung heiserer Stimme gestellte Frage der Art: »Waaas!? Du, das hab ich jetzt aber nicht verstanden. Kannst du das noch einmal wiederholen? Quoi? J'ai pas compris, moi!«

Also sage ich lieber erst mal nichts und lächle verführerisch und will wieder anfangen, ihn abzuknutschen, doch das scheint nicht das zu sein, was Jean Pierre will. Wieder flüstert er mir was ins Ohr.

Mir ist das jetzt ein bisschen peinlich. Gut, ab einem gewissen Alter spricht man Mores, das ist das Schöne am Alter, da kann man Ansagen im Bett machen, da kann man sagen, was man will, und vor allem, was man nicht will, kann nachfragen und Tacheles reden, ohne rot zu werden. Geht alles, aber nicht mit Zwanzig.

Jean Pierre lächelt mich an, ich lächle hilflos zurück, und Jean Pierre versteht nun auch, dass ich ja schier gar nichts verstanden habe. Er deutet nach unten und flüstert mit seiner warmen Schokoladenstimme: »Cherie, avec les pieds«.

Ach ja, schön, das sind Füße. Seine Füße und meine Füße, hätten wir das also auch geklärt. Mir wird ganz kurz ein bisschen langweilig.

Übersprungmäßig schiebe ich ihm die Zunge wieder zwischen die Zähne, aber Jean Pierre hat einen anderen Plan, und diesen Plan verfolgt er zielstrebig. Er schiebt mich weg, deutet wieder auf meine Füße: »Les Pieds!« – Ja ja, das sind Füße, das hab ich jetzt auch kapiert. Dann macht er dazu eine eindeutige Handbewegung, und schlagartig wird mir klar, was er will. Ich soll ihm mit meinen Füßen einen runterholen.

Du lieber Himmel! Mein erster Impuls ist es, laut loszulachen, aber ich reiße mich noch mal zusammen, doch mein »Quoi?« klingt leicht schrill.

Bei aller Liebe! Meine Leidenschaft ist eh schon zusammengefallen wie ein Soufflé à la Menthe, da muss ich jetzt doch noch einmal nachfragen, aber das ändert nichts an den Tatsachen: Ich soll ihm mit meinen Füßen einen runterholen. Ich bin fassungslos und frage mich, ob Jean Pierre überhaupt schon mal einen Blick auf meine Füße geworfen hat.

Es gibt Gründe, warum der liebe Gott Schuhe erfunden hat, und einer davon sind meine Füße.

Ich habe Schuhgröße vierzig, Platt-, Senk- und Spreizfüße, garniert mit dicken Knubbelzehen. Das Beste, was man über meine Füße noch sagen kann, ist, dass sie zweckmäßig sind. Aber sie sind alles andere als ansehnlich, und weit davon entfernt, einem Fußfetischisten als anbetungswürdiges Objekt zu dienen. Dachte ich. Welch verheerender Irrtum.

Ich kaschiere meine Verzweiflung mit einem freundlichen Lächeln und schwöre mir umgehend, dass dies der erste und letzte Franzose in meinem Bett gewesen ist. Aber noch bin ich ja noch nicht mal aus dieser Sache heil raus.

Was tun? Auf entrüstet machen? Dann hält er mich für spießig. Ablenken? Wie denn? Ich wähle Alternative drei: Ich beschließe, die Herausforderung anzunehmen.

Ich bringe mich in Position. Eine Position, die nur ganz entfernt mit einem Liebesakt zu tun hat. Aber egal. Wenn's schon keine Lust wird, dann wird's vielleicht wenigstens lustig.

Als ich meine Füße um Jean Pierres Schwanz drapiere, übermannt mich kurz Verzweiflung.

Sie passen so gar nicht zusammen: dieser schöne, elegante, dunkle Schwanz von Jean Pierre und meine blassen Käsemauken. Aber wurscht, *das* war nicht meine Entscheidung. Ich lege los.

Zumindest versuche ich es. Es ist schwieriger als gedacht, ein Paar Füße synchron in einem relativ engen Rahmen zu ... *bewegen*. Ich weiß nicht, ob Jean Pierre das selbst schon einmal ausprobiert hat, ich finde, er sollte es, dann wüsste er, was er da eigentlich verlangt.

Ich schubbere und schubbere, Jean Pierre stöhnt, ob aus Schmerz oder Lust oder sonst was, kann ich nicht sagen. Das Ganze sieht jedenfalls ziemlich bescheuert aus, ich gerate kurz aus dem Rhythmus. So wird das nichts.

Ich versuche, überhaupt so etwas wie einen Rhythmus zu finden, und mache weiter. Ich sehe meinen Knubbelzehen zu, wie sie sich abarbeiten – schubberschubberschubberschubber – und sie tun mir leid, wie sie sich da um Jean Pierres Schwanz krampfen, der mir eigentlich auch ein bisschen leid tut. Ein Fußfetischistenschwanz, und dann *meine* Füsse! Noch nie habe ich etwas

Unerotischeres gesehen. Und was die Sache noch viel schlimmer macht: Ich bin auch noch daran beteiligt! Was für ein frustrierender Gedanke.

Eigentlich habe ich keine Ahnung, was ich gerade tue. Mach ich das überhaupt richtig?

Ich beobachte Jean Pierre, der das Ganze zu genießen scheint, etwas, das mich freuen sollte, mich aber eigentlich nur irritiert. Die Welt der Fußfetischisten wird mir wohl für immer verschlossen bleiben.

Tapfer rubbeln meine Patschfüße weiter an Jean Pierres bestem Stück, welchem ich eigentlich eine ganz andere Aufgabe zugedacht hatte, ich will zwar nicht ungeduldig werden, aber die Zeit wird mir lang. Meine Knöchel tun weh, die Fußsohlen fangen leicht an zu brennen.

Aber ich halte durch, abwechselnd betrachte ich meine aufopferungsvollen Füße, dann wieder Jean Pierres Adoniskörper, und ich kann mein Pech einfach nicht fassen.

Und das dauert ...

Und das zieht sich ...

Und irgendwie kommen wir zu keinem Ende ...

Immer öfter geraten meine Füße aus dem Takt. Jean Pierre scheint meine Unruhe zu spüren, und spricht mir mit einem »Oui, oui!« Mut zu. Pffft!, »oui, oui« am Arsch! Der hat leicht reden. Meine Zehen spüre ich schon lange nicht mehr, meine Unterschenkel fangen zu zittern an. Das geht nicht mehr lange gut.

»Äh, Jean Pierre ..., entschuldige ... äh«, hauche ich.

Jean Pierre ahnt anscheinend, dass ich die ganze Aktion abblasen will. Deshalb umklammert er nun mit seinen Händen meine Füße und legt einen Zahn zu. Meine Unterschenkel schmerzen. Aber Jean Pierre lässt nicht locker. Da will einer wohl unbedingt was zu Ende bringen.

Die Schmerzen in meinen Unterschenkeln nehmen zu, dazu reißt mir nun auch der Geduldsfaden. Diese Art von Fußreflexzonenmassage löst bei mir nur noch einen Reflex aus: den Fluchtreflex. Ich hab die Faxen dicke. Ich will nicht mehr. Jean Pierre schon. Mit einem rabiaten Schwung entreiße ich meine armen Füße seinem Klammergriff und plumpse aus dem Bett.

»Mais!«, jammert Jean Pierre.

Ich will aufstehen, vergesse aber, dass ich mittlerweile jegliches Gefühl in den Füßen verloren habe, und schlage wieder längs auf dem Boden auf. Mir wird kurz schwarz vor Augen. Dann sehe ich Blut. Beim Fallen hab ich mir wohl den Kopf an der Bettkante aufgeschlagen.

Jetzt kommt auch Jean Pierre wieder zu Sinnen und ist ordentlich erschrocken. Aber er tut, was ein Mann tun muss, wenigstens dieses eine Mal. Er packt mich ein und bringt mich in die Notaufnahme des nächstgelegenen Krankenhauses, wo die kleine, aber spektakuläre Platzwunde mit ein paar feinen Stichen genäht wird.

Dass ich mir die bei einem Sturz in der Dusche zugezogen habe, glaubt man uns sofort. Für die Brandblasen an meinen Fußsohlen haben wir keine so gute Erklärung ... trotzdem bekomme ich Brandsalbe und Kühlpacks, die man mir mit ordentlich Heftpflaster um die Füße wickelt.

Als Jean Pierre mich aus dem Krankenhaus trägt, mache ich mich besonders schwer.

Ich hab ihn danach nur noch einmal gesehen, in Begleitung einer netten kleinen Blondine, die ich sofort aufrichtig bedauert habe. Mir schien auch, dass sie ein wenig unsicher zu Fuß war.

Ich selbst trage seit diesem Erlebnis beim Sex immer Socken. Grundsätzlich.

Alexander Bach

Ficken wie ein Weltmeister

> »Nach diesen dreißig Sekunden, die Sie dem Reporter verzeihen müssen – ja, bitte, müssen, denn Sie können sich nicht vorstellen, was hier los war – wollen wir versuchen, in normaler Lautstärke und einigermaßen ruhig, Ihnen das weitere Geschehen hier zu schildern.«
> - Herbert Antoine Arthur Zimmermann -

»FICKEN! WIE! EIN! WELTMEISTER!
Vergessen Sie Ihre Enttäuschungen, vergessen Sie wiederholte peinliche Situationen und bestellen Sie jetzt: 100% Naturprodukt. Diskrete Verpackung – diskrete Zahlung – kein peinlicher Arztbesuch. Sie leben nur einmal – warum also nicht was Neues ausprobieren?
Mit angenehmen Grüßen,
Prof. Dr. Annelise Sauer«

Mein erster Gedanke ist, dass ich Annelise Sauer doch überhaupt nicht kenne.

Ich freue mich aber natürlich trotzdem, denn immerhin scheint sie es gut mit mir zu meinen. Und der Appell gefällt mir auch irgendwie: Ficken wie ein Weltmeister! Also sportlich. Hart, aber fair. Als Beitrag zur Gesundheitsvorsorge. Als Weg zu Kraft und Schönheit. Als Leibesübung, die den Meister macht. Mir gefällt die Vorstellung, sämtliche Finessen zu beherrschen von Stellungsspiel, Ballwechsel und Einlochen, und ohne Zögern bin ich bereit, das Training zu beginnen.

Bloß meinen Leistungsdruck abzubauen, erscheint mir allerdings unsportlich, um nicht zu sagen frauenfeindlich, und ich verwerfe die Gedanken an Tanja, Imke und an Jessika. Was ich brauche, ist kein Sparringspartner...

Was ich brauche, ist ein Sandsack!

Drei Tage später liegt der Sandsack in einer neutralen Verpackung vor mir. Er hat blonde Haare, einen gierigen Verwöhnmund, einen genoppten Liebestunnel und noch eine weitere Lustöffnung. Und er hört auf den klangvollen Namen »Dolly Love«.

Ich bin sofort begeistert: Schon das Aufreißen ist tausendmal leichter als Samstagnacht im *Venus Celler*. In Sekundenschnelle liegt der Pappkarton auf dem Boden des Schlafzimmers und meine Kleidung gleich daneben. Dann fühle ich mich allerdings sehr nackt und irgendwie unsicher: Dass Sex mit Blasen anfängt, finde ich nicht ungewöhnlich. Es ist mir allerdings neu, dass ich dabei den aktiven Part übernehme. Ich versuche, Dolly Love in Form zu bringen, und ich weiß nicht, ob ich mich besonders ungeschickt anstelle. Wahrscheinlich kommt es tatsächlich auf die Technik an und nicht auf die Lunge. Jedenfalls fühle ich mich fünf Minuten später, als läge die Zigarette danach schon hinter mir. Eine ganze Packung. Ich liege schlapp auf dem Bett, Dolly teilnahmslos daneben, so als wollte sie sagen: »Zwanzig Minuten, zwei Stellungswechsel. Komm, Ficki Ficki machen!«

Das ist mir irgendwie zu unromantisch.

Um der Situation etwas von ihrer Puffigkeit zu nehmen, krame ich unter dem Bett ein Top hervor, das Imke irgendwann mal hier vergessen hat, und ziehe es Dolly über. Dann aber denke ich, dass ich ja etwas Neues ausprobieren will und eben nicht den üblichen Kuschelkurs. Ich versuche es mit Dirty Talk, packe mir an den Sack und sage: »Zieh dich aus, Puppe!«

Bekomme sofort einen hysterischen Lachanfall, denke mir aber: »Hey, das ist ein gutes Zeichen, wenn man zusammen lachen kann!«, und beschließe, die Nummer jetzt durchzuziehen. Ich schiebe das Top langsam hoch und rufe: »Hey! Was haben wir denn da!? Das ist ja ein heißes Fahrgestell! Na los, Püppi! Gib' Gummi!«

Ich komme so langsam in Fahrt, und als es in den genoppten Liebestunnel geht, rufe ich: »Na, Püppi!? So hat's dir noch keiner besorgt, was?«

»Pfff...«

Das ist nicht die Antwort, die ich hören will! Vor allem dann nicht, wenn ich mit einer Puppe im Bett liege. Mit einer Gummipuppe.

»Pfff...«

»Okay«, denke ich. »Boxenstopp! Das kann ja so schwer nicht sein...«

Ich springe auf, suche den Kleber und die PVC-Schnipsel und fahre der Puppe mit Schmirgelpapier über den Mund. Die Wirkung ist fatal: Orangenhaut! Ich brauche die halbe Tube Kleber und das ganze PVC, um das wieder auszubügeln. Die Stimmung ist im Arsch. Statt feucht zu werden braucht Dolly zehn Minuten, um zu trocknen.

Also noch mal von vorn. Ich dimme das Licht und suche nach passender Musik. Etwas Rhythmisches, Tranceartiges. »Bolero« ist mir zu nuttig. »Hast du was gegen elektronische Musik?«, frage ich über die Schulter. Kein Widerspruch. Ich lege *Kraftwerk* auf: »Die Mensch-Maschine«. »Das Modell«.

Und dazu Sekt.

Habe jetzt Bock auf Fetisch und Dekadenz. Binde der Puppe ein Latexband mit bissfestem Kunststoff-Ball um den Mund. Eigentlich Verschwendung, so laut ist sie ja nicht. Sieht aber doch geil aus. Dann will ich Sekt aus dem Bauchnabel trinken. Lege Dolly auf den Rücken und gieße die Flasche über ihr aus. Wundere mich, wie viel da reingeht, bis mir auffällt, dass das gar nicht der Bauchnabel ist. »Krass!«, denke ich. »Squirting gibt's in echt!?«, und halte mein Glas drunter, um anschließend noch mal mit ihr anzustoßen.

Dann aufzustoßen.

Beim Einstoßen gibt Dolly ein furzendes Geräusch von sich. Ich denke: »Scheiße!« Ist aber nur PVC. Nehme wieder das Reparaturzeug, lasse das Schmirgelpapier aber diesmal weg. Fummele an ihrem Arsch rum auf der Suche nach der undichten Stelle. Werde davon so geil, dass ich aus Versehen statt des Klebers Gleitmittel auftrage. Kann mit den PVC-Läppchen jetzt nichts mehr anfangen und klebe stattdessen ein Pflaster drauf. Ist auch safer so.

Anschließend noch mal blasen. Ich denke mir: »Das schlaucht ganz schön!«, und schalte erst mal wieder einen Gang runter. Fange an, Dolly zu massieren: Streiche zärtlich über die Naht an der Innenseite ihrer Schenkel, lasse die Finger über das Ventil auf ihrem Rücken gleiten und knabbere an ihren Brustwarzen.

Keine gute Idee!

Dollys Kopf knickt ein, der Knebel verrutscht, mir läuft lauwarmer Sekt zwischen die Beine. »Scheiße«, denke ich. »Die schluckt nicht!« Dafür darf ich schon wieder blasen und ich frage mich, ob das nicht doch eine She-Male-Puppe ist.

Klebe je zwei Pflaster kreuzweise auf die Brüste. Dolly Love sieht inzwischen aus wie Bruce Willis.

Rufe »Yippie-Ya-Yeah, Schweinebacke!«, und drehe sie auf den Bauch. Ich hab jetzt genug vom Ausdauertraining und den ständigen Spielpausen! Das ist hier nicht American Football! Die Bälle sind rund, das Spiel dauert jetzt schon neunzig Minuten.

»So, Püppi«, werfe ich ein, und der erste Angriff brandet gegen Dolly Love, brandet gegen eine massierte Abwehr. Dolly geht jetzt konsequent auf den Mann, aber man merkt bereits, da geht ein bisschen die Luft raus. Jetzt heißt es Daumen halten, ach was: Daumen! Die beiden Handgelenke von Dolly Love halte ich fest umklammert, und jetzt ist auch die Abwehr wieder in Form! Seitenwechsel! Das Spiel geht weiter, Dolly wird jetzt eng gedeckt und... Was war das? Das war die Latte! Schön gemacht! Ein herrliches Spiel! Was für eine Mannschaft, was für ein Stehvermögen! Jetzt regt sich die Sturmspitze, um zum Torschuss zu gelangen. Ein packendes Spiel geht seinem Ende entgegen. Mit letzter Kraft, mit letzter Konzentration jetzt Druck auf die flachen Brüste, und da! Geht alle Luft in das Becken! Und die Sturmspitze, immer wieder die Sturmspitze, ich jetzt reingegrätscht, jetzt der Schuss: Ich werfe die Hände jubelnd in die Höhe und Raus! Raus! Raus! – Raus! – Die Luft ist raus!

Ich habe fertig!

Und irgendwie fühle ich mich doch um den Sieg gebracht. Das Schlafzimmer sieht aus wie ein Schlachtfeld, Dolly Love hat inzwischen die Alptraummaße 54-74-90, und ich werde das Gefühl nicht los, dass Sport im Bett einfach nichts verloren hat. Annelise Sauer hat natürlich schon recht: Man lebt nur einmal – warum also nicht was Neues ausprobieren? Aber wenn ich bei dieser Nummer eines gelernt habe, dann höchstens dies: Flicken – wie – ein – Weltmeister!

Volker Surmann

Sex zu ungewöhnlichen Temperaturen

Es gibt der sexuellen Vorlieben ja viele. Das fängt bei Geschlecht und Zahl der Partner und/oder Partnerinnen an und hört bei der Wahl der Stellungen, Schlaginstrumente oder sonstigen technischen Hilfsmittel bei Weitem nicht auf. Es gibt Vorlieben für Sex in Klamotten oder Sex mit Klamotten (wer schon einmal einem Turnschuhfetischisten begegnet ist, wird wissen, dass das nicht das Gleiche ist).

Es gibt Menschen, die auf Sex an ungewöhnlichen Orten stehen: Fahrstuhl, Umkleidekabine, Flugzeugtoilette, Kino, Stadtpark – das sind die gewöhnlichen ungewöhnlichen Orte. Heizungskeller, Lehrerzimmer und Büro des Steuerberaters sind ebenfalls ungewöhnliche Orte, sind in der Rangliste der erotischsten Örtlichkeiten allerdings ähnlich weit abgeschlagen wie Kläranlage, Fußpflegesalon oder Einzelhandel für Orthopädiebedarf.

Und was an Sex in einer H&M-Umkleide spannend sein soll, ist mir persönlich ein Rätsel. In der Top Ten meiner unerotischsten Orte rangiert eine H&M-Umkleide nur marginal hinter Klärwerk und Konrad-Adenauer-Haus. Doch jedem Tierchen sein Plaisierchen. Es soll Menschen geben, die so oft Sex an ungewöhnlichen Orten haben, wenn die Sex im heimischen Bett haben, ist das der ungewöhnlichste Ort von allen.

Es heißt ja immer, Schwule seien krass drauf, wenn es um öffentlichen Geschlechtsverkehr und sexuelle Ausschweifungen geht. Ich halte das für ein Vorurteil, allerdings erst seit Silvester 2009. Seitdem weiß ich: Was Perversionen, Exhibitionismus und sexuelle Schmerzfreiheit angeht, stecken heterosexuelle Gothicpärchen jeden schwulen Bumsclub locker in die schwarze Tasche.

Sie waren, wie ich, auf einer privaten Silvesterparty im tiefsten Neukölln eingeladen. Sie waren ein Gothicpärchen aus dem Bilderbuch. Gäbe es einen in schwarzes Ziegenleder gebundenen Ratgeber »Gothic für Dummies«: Sie wären darin abgebildet.

Er sah aus, wie man sich einen Gothicjungen vorstellt: Blauschwarze, lange Haare, weiß getünchtes Gesicht, Kajal, schwarzes Rüschenhemd, schwarze Schnürlederhose und diverse Amulette, Ketten und Armbänder aus schwarzem Leder mit Nieten oder ohne Nieten oder stacheligen Nieten. Dazu fette, schwarze Stiefel mit so vielen Silberschnallen, dass man damit einen Vampir problemlos bis nach Transsilvanien hätte zurückkicken können. Das war jedoch gar nicht nötig, denn eine Vampirbraut saß auf seinem Schoß, und ihre Beißerchen waren hinter schwarzgefärbten Lippen versteckt. Wohlgemerkt: *ihre* Zähne hinter *seinen* Lippen.

Sie sah aus, wie ein Gothicmädchen eben so aussieht. Blauschwarze, lange Haare, schwarze Klamotten, weißgetünchtes Gesicht, Kajal, jede Menge rasselndes Gedöns um den Hals, eine Art Lederhundehalsband mit Nieten und Ösen, schwarzer Rock und drunter schwarze Netzstrumpfhose und kniehohe, schwarze Schnürstiefel. Das Auffälligste an ihr waren die Silberperlen, die sie trug. – Nicht um den Hals, sondern im Gesicht. Etwa zwanzig davon. Ihr Gesicht sah aus wie ein Nadelkissen. Als hätte ein Akupunkteur gewöhnliche Stecknadeln mit Silberköpfen genommen, eingesteckt, um eine schwerwiegende Ganzgesichtsblässe zu kurieren, und diese dann in ihrer Fresse vergessen. Im Grunde fehlten an jeder Nadel nur Gaudawürfel und Cornichon, und das Gothicmädel wäre als Käseigel durchgegangen.

Vielleicht hing an jeder Nadel tatsächlich mal ein Cornichon, und ihr Gothicfreund hat die schon alle abgefressen. Nicht unwahrscheinlich, denn auch in diesem Moment schlabberte die gepiercte Gothiczunge des Gothicjungen an den Nadelköpfen im Gothicgesicht des Gothicmädchens rum.

Um zwanzig vor zwölf brachen wir auf. Wir wollten drei Straßen weiter ans Tempelhofer Feld. Das Gelände war noch nicht für die Öffentlichkeit freigegeben, aber vom Zaun aus hatte man einen guten Blick Richtung Tempelhof und Schöneberg. Außerdem war es wohltuend nah, denn es waren knappe fünfzehn Grad minus draußen. Der Himmel klar, die Nacht eiskalt.

Wir decken uns mit Alkoholika ein – alles andere wäre sofort eingefroren – und zogen los. Am Tempelhofer Zaun hatte sich schon der halbe Kiez Schillerpromenade versammelt. Alles stand am Zaun, der Zeiger der Uhr wanderte vor auf zwölf, alles jubelte, wir stießen an, das Gothicpärchen lehnte am Zaun und knutschte rein ins neue Jahr. Ich stieß noch mit ein paar Freunden an, dann schaute ich zurück und traute meinen Augen nicht: Das Gothicpärchen fickte.

Ich habe schon verschiedentlich davon gehört, dass frisch verliebte Paare gerne Silvester um Mitternacht Sex haben – auch wenn es etwas von typisch deutscher Stechuhrmentalität hat, exakt um zwölf kommen zu wollen.

»Moment, Süße, nicht so wild. Lass uns mal langsamer machen, es sind noch zweiminutensechsunddreißig!«

Nein, ganz ehrlich: Sex, der sein Finale darin findet, dass der Partner oder die Partnerin zum Schluss laut einen Countdown von zehn runterzählt, gehört nicht zu meinen bevorzugten erotischen Fantasien.

Doch das Gothicpärchen gehörte offenbar in diese Kategorie,

wenngleich sie erst loslegten, nachdem sie mit einer Steingutflasche Met aufs neue Jahr angestoßen hatten.

Das Gothicpärchen fickte also. Am Zaun des Tempelhofer Feldes. Inmitten einer unsortierten, aber gut alkoholisierten Schillerpromenaden-Mischung. Und vor allem: bei fünfzehn Grad minus.

Es ist nur wenig bekannt über das Liebesleben auf Polarexpeditionen. Wir wissen nicht, ob mit etwas mehr Sex in der Truppe Robert Falcon Scott lebendig zurückgekehrt wäre, oder ob Roald Amundsens Norwegercombo nur deshalb überlebte, weil sich die gestandenen Kerle Nacht für Nacht an ihren Eiszapfen lutschten.

Wahrscheinlicher scheint mir, dass, wenn einem nacheinander gerade alle Zehen abgefroren sind, man tunlichst alle weiteren ähnlichen Extremitäten so gut verpackt lassen sollte wie möglich. Ich habe mal Fotos von Reinhold Messners abgefrorenen Zehen gesehen, danach mag man sich abgefrorene Penisse gar nicht vorstellen ... andererseits: Was abfriert, wird schwarz, und schwarz ist die Farbe der Gothics ...

Mein Respekt für das Gothicpärchen jedenfalls wuchs.

Apropos »wuchs«... Wie kriegt man eigentlich bei minus fünfzehn Grad eine Erektion? Einmal anfeuchten und steif frieren lassen?

Jedenfalls musste der Gothicjunge einen stattlichen Schwanz besitzen, denn bei minus fünfzehn Grad tendieren männliche Zentralorgane in der Regel zu ihrem kleinstmöglichen Aggregatzustand, und wenn er in diesem Zustand zu einer Penetration fähig war ... alle Achtung!

Und offensichtlich war er das. Nicht, dass ich so genau hingeschaut hätte, aber seine Gothicfreundin krallte sich im Zaun fest, schlang ihre Beine um sein Becken, er trug sie auch nicht auf Händen, denn die hielten immer noch zwei Metflaschen. Wenn bei ihm nicht etwas steif und bei ihr nicht etwas drin war, hätte allein die Schwerkraft dafür gesorgt, dass sie einfach vor ihm auf den Boden geplumpst wäre.

Wie war das für sie wohl gerade? Sex bei minus fünfzehn Grad? – Wird man da als Frau statt untenrum feucht eher untenrum glatt? Flutschte hier gar nichts, sondern war es quasi Vögeln wie auf Kufen?

Immerhin, das Gothicpärchen war gut dabei, sie räkelte sich am Zaun, krallte ihre Finger in die Drahtmaschen ... – Oh wei! Kinder frieren ja gerne mal mit nassen Zungen an Laternenpfählen fest. Hoffentlich schwitzte das Gothicgirlie nicht zu arg an den Händen, so fest wie sich ihre wollüstigen Finger gerade im Maschendrahtzaun verhakten. Nachher müssten wir sie mit dem Bolzenschneider befreien!

Oder noch schlimmer: Was, wenn der entkräftete Gothicjunge nach vollzogenem Akt seinen feuchten Dödel aus seinem Gothicmädchen hinauszöge und mit der noch nassglänzenden Eichel nur einmal kurz an den Maschendrahtzaun geriete, sodass Ejakulat, Frost und Maschendraht sich vereinigten – zu einem gar nicht mehr so flotten, sondern eher statischen Dreier?

Bei dieser Vorstellung begann ich, schäbig zu kichern, und beendete damit die Sexshow am Tempelhofer Zaun. Aber das Gothicpärchen war eh gerade fertig und zog sich befriedigt an. Erstaunlich viele Neuköllner Passanten nahmen daraufhin ihre Hände aus den Hosentaschen. Einige spendeten Applaus.

Nachtrag: Auf einer Geburtstagsparty im April hörte ich, dass das Gothicmädchen im vierten Monat schwanger sei. Schau an, dachte ich, man hört ja immer wieder mal davon, dass Kinder aus tiefgekühltem Sperma gezeugt wurden. Offensichtlich geht das sogar bei echtem Sex. Hoffentlich kommt das Baby nicht als Käseigel auf die Welt.

IV. Ist das nicht ganz schön kompliziert?

Joey Juschka

Auf Bestellung

Ich messe die Stufe draußen im Treppenhaus. Vierundzwanzig Zentimeter ist sie hoch. Ich gehe zurück in meine Wohnung, schließe die Tür, setz mich und rechne. 1,69 Meter, so groß bin ich, minus vierundzwanzig. Macht 1,45 Meter. »Ziemlich klein«, denke ich, sage ich. »Einsfünfundvierzig.«

Ich spreche laut vor mich hin. Das tue ich, wenn ich konzentriert arbeite. »Die Beine. Ich fang von unten an.«

Beim Schreiben arbeite ich konzentriert, vor allem beim Schreiben auf Bestellung. »Beinlänge?«, überlege ich. Heute schreibe ich für Andrea.

Aber wie lang meine Beine sind, fällt mir trotzdem nicht ein. Dabei hab ich's gestern erst gemessen. Und dann aufgeschrieben, eingetippt vielmehr, und gespeichert, in einem Word-Dokument namens... namens... kann mich nicht an den Namen erinnern. Gestern Abend hat der bestimmt noch Sinn gemacht. Ich schau zum Computer. »Tja«, sag ich und greif zum Maßband statt zur Tastatur. Ist schneller.

Das Maßband hab ich vor ein paar Stunden im Baumarkt geholt. Extra hingefahren bin ich, so was hab ich nicht zu Hause.

Nur Lineale, und die sind zu kurz, um anständig Beine zu messen. Mösenhöhe vielmehr. Von hinten, um ganz genau zu sein. Jetzt aber hab ich ein Bauhaus-Papiermaßband, das ist lang genug und außerdem praktisch, das passt sich den Formen an.

Ich messe also. Neunundsiebzig. So lang sind meine Beine. Das klingt nicht vertraut, ich messe lieber noch mal. Achtundsiebzig. Das klingt auch nicht vertraut. Aber achtundsiebzig sind es, von Fußboden bis Vaginaeingang.

»Schön, schön«, sage ich erst und denk dann an die Stufe. »Mist«, sage ich. »Vierundzwanzig dazu.« Oder weg, je nachdem. »Vierundzwanzig ist ganz schön viel.« Da hängt der Dildo der einen doch mittig vorm Bauch, wenn er in der Möse der anderen landen soll. Das geht so nicht.

Soll aber. Andrea hat's so bestellt.

Mist, denke ich. Warum will sie's denn ausgerechnet auf der Treppe von hinten mit Dildo? Mit Händen wär das überhaupt kein Problem, die hängen an Armen, und die kann man ausstrecken, nach vorne, nach oben. Aber die Hüfte, das Becken? Nee du, Andrea, deine Nexia – komischer Name, aber so soll die andere heißen –, deine Nexia steht eindeutig zu tief. Vierundzwanzig Zentimeter zu tief. Da rammt sie dir den Dildo doch gerade mal in die Kniekehle oder so.

Fast geb ich auf. Dummerweise hat Andrea die Geschichte aber nicht nur bestellt, sondern auch schon bezahlt. Eilbestellung, Eilbezahlung. Bis heute Abend soll sie fertig sein.

Zumindest ist die bestellte Nexia drei Zentimeter größer als ich. Das ist schon mal was. Nexia, 1,72 Meter, schlank, blond – so will Andrea sie haben. Die Beschreibung war von einem Foto begleitet, per E-Mail geschickt. Dazu hat sie mir präzise Anweisungen geschrieben. »Die Haare muss sie zurückwerfen, bei allem, was sie so tut. Und die Unterlippe kauen. Aber nicht beim Sex.«

Und der Sex eben sollte auf der Treppe stattfinden. Öfters. Wild. Von hinten. Nexia hinten, unten, eine Stufe niedriger. Vierundzwanzig Zentimeter niedriger. Deswegen hab ich gemessen, die Treppe im Flur. Ich bin eine sehr präzise Autorin.

Ich überlege eine Weile, und plötzlich hab ich 'ne Lösung: fette Schuhe! Nichts leichter als das. Hoher Absatz. Und der Dildo kann ja auch mal etwas höher sitzen als sonst. Ich komme ins Grübeln, hoher Absatz okay, aber der Dildo bitte sehr, der muss doch auf die Klitoris drücken, doch schon, das muss er, selbst wenn's nur in einer Geschichte ist. Also ganz hohe Schuhe, Riesenabsatz. Dann aber am besten Plateaus, die sind stabiler. Aber war da nicht was? Da war doch was. Ich schaue nach.

»Nexia ist sehr feminin, sie mag Stilettos«, das war. Sogar unterstrichen ist das auf dem Bestellformular, scheint wichtig zu sein. Na dann, Stilettos. Aber damit beim Ficken auf 'ner Treppe balancieren? Ich hab so meine Zweifel, besonders wenn ich dran denke, dass sie den Dildo ja irgendwie auch noch nach oben richten muss. Wegen dem Höhenunterschied.

Ich trödele herum, weiß nicht mehr weiter – es soll doch auch durchführbar sein, was ich so schreibe.

Vielleicht kann die Stufe ja etwas niedriger sein. Und die Andrea vielleicht ... Ich schaue nach, und Tatsache, da steht's: Andrea ist klein, kleiner als ich: 1,65 Meter.

»Wenn man kleiner ist, sind die Beine auch kürzer.« Mit Überzeugung spreche ich Richtung Computer. Der wartet. »Vielleicht hat sie ganz extrem kurze Beine. Bestimmt.« Muss so sein. Meine achtundsiebzig Zentimeter sind doch schon viel, denke ich. Nicht, dass ich vorher je Beinlängen gemessen hätte, so auf den Zentimeter genau. Also, so siebzig vielleicht? Siebzig plus niedrige Stufe, also zweiundzwanzig statt vierundzwanzig vielleicht, macht zweiundneunzig. Und das dann minus Höhe Stilettos.

Ich mach mir lieber eine Zeichnung: Strichmännchen, Strichweibchen mit Dildo. Ob ich die mitschicken soll, als Bonus mit der fertigen Geschichte? Ich weiß nicht. Ich zeichne erst mal weiter und rechne. Wenn die Stilettos so sieben Zentimeter hoch sind ... Wenn die Stilettos so sieben Zentimeter hoch sind, gibt's ein Problem, dann wird's nämlich wackelig.

Manchmal wünsch ich mir, ich wär nicht so superpenibel.

Aber echt mal: Balancieren auf sieben Zentimetern Pfennigabsätzen? Und das gut genug, um die Hüfte, das Becken in einem – was heißt in einem? In vielen – Schwüngen und Stößen kräftig vor und zurückzubewegen? Vor, zurück, vor, zurück, wackeln, kräftig stoßen, balancieren, Dildo. Ausprobieren! Wo ist meine Freundin, wenn ich sie brauche?

Dann probier ich eben alleine. Besser als Strichmännchen ist das allemal. Ich schnall mir den Dildo um, balancier, Hüfte vor und zurück, probiere, dauert 'ne Weile, klappt aber ganz gut.

Als ich zurück zum Computer komme, schwebt Nexias Foto quer über den Monitor. Das ist seit gestern mein neuer Bildschirmschoner, seit ich den Auftrag gekriegt hab. Nexia, Andrea, Dildo und Treppe, jetzt aber mal los. Nexia, Andrea; im Rhythmus der beiden fang ich an zu atmen.

Die Nexia, die Schöne, kriegt knallrote Nägel. Die kann sie ruhig haben, ganz lang; sie kriegt sogar einen Schmuckdiamanten am kleinen Finger, voll schick, weil ist ja eh nix mit Fingerspielen, sondern viel mit dem Dildo, jawoll. Wie bestellt, so geschrieben.

Ich schau kurz auf meine eigenen Nägel, geschnitten, gefeilt und ganz ohne Lack, ganz wie die meiner Freundin. »Ach«, seufze ich und erinnere mich: Heute vorm Losgehen hat sie sich vor mich hingekniet. »Du drückst schon wieder die Knie durch«, hat sie gesagt. »Lieber leicht beugen, ist besser fürs Knie.« Dann hat sie mir ihre Hand aufs Knie gelegt. Und gleich darauf ganz woanders hin.

Knie beugen! Das ist es. Logik diktiert: Gebeugte Knie verkürzen die Beine, bringen das Becken weiter nach unten, weiter nach unten Richtung eine Stufe tiefer wartenden Dildo. Das muss ich testen. Ich stehe auf, beuge, strecke, beuge. Guck an mir runter. Geh rüber zum Spiegel, beuge noch mal. Sieht gut aus, doch, doch. »Ja, ja!«, jubele ich. »Kniebeugen ist gut!«

Gesundheitsbewusst, denke ich, gesundheitsbewusst werden sie sein, Andrea und Nexia, zumindest in meiner Geschichte, also, zumindest die eine, die oben, Andrea, die wird die Knie beugen, ziemlich doll sogar, ganz gesund, ja ja, die Andrea, das wird sie freuen.

Die Nexia leider wird ihre Knie äußerst durchdrücken müssen, um größer zu sein. »Ein paar Zentimeter nur«, denk ich. »Ist nicht so wild. Dafür sitzt der Dildo dann aber genau da, wo er soll.«

Ich hol die Strichmännchen raus, zeichne und rechne, die finale Berechnung, um sicherzugehen. Stufe zweiundzwanzig. 1,79 Meter die Nexia, inklusive Stilettos. Ganz lange Beine, aber wirklich ganz lang, bestimmt fünfundachtzig Zentimeter sind die, so durchgedrückt. Plus sieben für die Stilettos macht zweiundneunzig.

Nun zu Andrea, dem Kurzbein. Die läuft barfuß herum, schließlich sind sie doch kuschelig zu Hause, Wendeltreppe nach oben, mit Kerzen und Rotwein. Barfuß steht sie da also auf ihren siebzig Zentimetern, Stufe dazu, zweiundzwanzig, macht auch zweiundneunzig. Zweiundneunzig, zweiundneunzig. Vielleicht nenn ich die Geschichte gleich so.

Ich bin begeistert, zweiundneunzig, da flutscht der Dildo, aber so was von gut. Ich fang wie wild an zu tippen, so wild, wie der Sex der beiden gleich wird.

Andrea lehnt sich vornüber, die Knie brav gebeugt. Und Nexia fummelt, erst mit den Händen – Vorsicht, die Nägel! –, dann auch mit Dildo. Sie schwingt ihre Hüften, und auch die Haare, na klar, sehr blond sind diese Haare, und lang. Und ihre Beine erst, die sind aber mal lang, so was von lang, das muss man betonen. Also, sehr lang – hier unten ganz lange Beine, und da oben sehr kurze. Das passt, sie schaffen's, ich jubele – jetzt ist er drin, der Dildo, und drückt auch ordentlich da, wo er soll, nämlich auf die Klitoris. Nexia schwankt auf den Stufen, hält sich fest an Andrea, sie kaut ihre Lippen (zumindest denke ich das), aber Andrea, die Kurze, die Gesundheitsbewusste, die weiß das nicht, die steht schließlich vorne, und das ziemlich stabil, auf ihren ganz kurzen Beinen.

Wow, bin ich begeistert.

Aber fast zwanzig Stunden zwischen gestern und jetzt, für diese Geschichte? Das ergibt einen mageren Durchschnittslohn, ein paar Hundert durch zwanzig. Die Hälfte der Zeit für Baumarkt und Messen, Messen und Rechnen, Probieren, Strichmännchen, ich vor dem Spiegel, immer wieder, noch mal, so viel Recherche! Erschöpft klick ich auf »Senden«.

»Jetzt aber ich!«, sag ich dann und meine Sekt zur Belohnung, und da fällt es mir ein: Unter »Ich« hab ich gestern meine Beinlänge abgespeichert. Ich.doc, das interessiert mich dann doch, ich schaue nach: »Achtzig« steht da, also länger als heute; ich bin geschrumpft. Ich hole trotzdem den Sekt.

»Schrumpfen Beine bei Stress?«, frage ich laut vor mich hin ins Zimmer hinein. »Also echt mal!« Dann fall ich vornüber aufs Bett und bleib auch so liegen. Bald kommt meine Freundin nach Hause, die küsst mich wach, und wenn sie mich fickt, soll sie das heute mit ihren Händen tun. Ich verstecke den Dildo, Dildoverbot, und auch keine Stilettos, und Stufen gibt's eh nur im Treppenhaus. Beruhigt schlafe ich ein.

Mischa-Sarim Vérollet

Menschen, die Mitesser ausdrücken wollen. Bei mir.

Ich erwarte nicht viel vom Leben. Ein großes Haus, schöne Frau dazu, generell Reichtum, ein paar Autos in der Garage, zweimal im Jahr Karibik, Privatschule für die Kinder. Ich bin ein genügsamer Mensch, ich brauche nicht viel, um glücklich zu sein. Eigentlich will ich einfach nur meine Ruhe haben. Da bin ich Bielefelder, wir haben gern unsere Ruhe, wir haben ja auch das Gerücht, dass es Bielefeld nicht gibt, selbst in die Welt gesetzt, weil wir einfach unsere Ruhe haben wollen, keine Touristen, keine europäische Kulturhauptstadt, keine Terroranschläge. Das prägt, ich erwarte nicht viel vom Leben, aber meine Ruhe, die will ich haben, und passablen Sex. Nicht mehr und nicht weniger. Passabler Sex ist völlig ausreichend, passabler Sex mit passablen Menschen, nein, das ist schon okay, da bin ich zufrieden. Ich erwarte da nichts Spektakuläres. Ich war auch noch nie im Puff, überhaupt musste ich noch nie für Sex bezahlen, eine Behauptung, die gar nicht so prahlerisch klingt, wenn man sich vergegenwärtigt, dass das auch einfach heißen kann, dass ich generell noch nie Sex hatte. Das ist natürlich Quatsch, ich hatte schon Sex, und der war in den meisten Fällen passabel, und das ist völlig okay, ich bin da realistisch. Auch was meine eigenen Fähigkeiten betrifft. Ich bin ganz okay im Bett, kein Don Juan, aber es hat sich auch noch nie eine beschwert, andererseits, vielleicht wusste sie auch einfach nicht, wo. Aber nein, »okay« trifft's, glaube ich. Zu guter Letzt traue ich da meinem Urteil immer noch am meisten, ich habe seit zwei Jahrzehnten mit mir selbst Sex, und ich habe mich auch noch nie beschwert. Passabel, in allen Belangen.

Was nicht heißt, dass ich nicht experimentierfreudig wäre. Warum nicht mal zwischendurch sich anders hinstellen, setzen oder legen, gern mal auch auf dem Balkon oder in der H&M-Umkleide, das schafft Abwechslung, immer nur Blümchensex, nee, das wäre selbst mir als konservativem Bielefelder zu langweilig, da würde ich trotz akuter Diskalkulie anfangen, währenddessen im Kopf Sudokurätsel zu lösen. Nein, Experimente sind okay. Warum nicht auch mit mehreren Menschen, wenn es sein muss? Da kann man zwischendurch auch mal schnell Facebook checken, ohne dass es auffällt, aber da hört's dann auch schon auf mit der Experimentierfreudigkeit. Ich behaupte mal einfach, dass meine Experimentierfreudigkeit beispielsweise bei Liebeskugeln aufhört, die werde ich nicht einsetzen können, bevor nicht wichtige Fragen geklärt wären, wie: »Was tun, wenn die Verbindungsschnur zwischen zwei Kugeln reißt, aber man nur noch eine der beiden in der Hand hält?«

Da bin ich Brite in solchen Situationen, da bin ich Gentleman, da verschwinde ich nicht und lasse die Frau einfach liegen, aber ich bin auch ein Mann des Geistes, handwerklich völlig unbegabt, und ich komme nicht umhin zu vermuten, dass in solchen Situationen ein einschlägiges Praktikum als Klempner von großem Nutzen sein kann. Facebook oder Twitter sind ja selten eine große Hilfe, wenn man sie wirklich braucht, Statusmeldungen wie »Followerpower: Was tun, wenn die Verbindungsschnur zwischen zwei Liebeskugeln reißt, aber man nur noch eine der beiden in der Hand hält? Ich frage für einen Freund« werden so schnell missverstanden.

Nein, ich sag mal, ich bin passabel experimentierfreudig, und trotzdem stoße ich immer wieder an meine Grenzen. Apropos Stoßen: Warum musste ich eigentlich immer wieder auf Frauen treffen, die mir gern die Mitesser auf meiner Nase ausdrücken wollten? Das verstehe ich nicht. Was soll denn das. Ich bin doch keine Luftpolsterschutzfolie. Und warum überhaupt Mitesser? Bei großen, ausgewachsenen Pickeln verstehe ich ja noch die Motivation. Da ist die Gewinnmarge, das Return on Investment einfach vielversprechender. Beate aus meiner Schule, die hat sich immer gern selbst die Akne weggeflext. Sie hatte ja auch genug davon. Das waren schon ganze Straßenzüge. Die hatten eine eigene Regionalregierung. Beates Gesicht hätte Neil Armstrong dazu verleitet, die Mondmission abzubrechen und stattdessen ihr ins Gesicht zu treten, amerikanische Fahnen zu hissen und von kleinen Schritten für sich, aber großen Schritten für die Menschheit zu faseln. Die »Pittoreske Beate«, wie wir immer sagten. Ich habe sie letztens wieder gesehen, als ich bei Google Maps die Altstadt von Marburg suchte.

Aber zurück zu den Mitessern: Nach der dritten oder vierten Frau, die dieser Neigung nachgehen wollte, hakte ich mal vorsichtig nach, und das ist gar nicht so einfach, man will ja auch nicht als Spießer dastehen, da muss man diskret vorgehen. Also fragte ich sie mal subtil, als sie auf meinem Schoß saß und mir mitteilte, dass sie gedenke, die Poren meiner Nase um ihre Untermieter zu erleichtern, da fragte ich subtil und durch die Blume:

»Warum?«, rief ich.

»Das macht mir Spaß«, sagte sie, und bei solchen Antworten werde ich hellhörig. Sachen, die zwischen Mann und Frau Spaß machen, enden ja gern mal in zügellosem Sex, das ist oft ja auch okay, wie romantische Filme gucken oder *Super Mario World* spielen oder meinetwegen auch gemeinsam Luftpolsterschutzfolie knallen. Wenn so etwas in Sex endet: Nice! Aber wenn es einer Frau Spaß macht, mir Mitesser auszudrücken, nein, das verunsichert mich, man weiß ja nie, wo so etwas hinführt. Ruckzuck ist Urin im Spiel, und dann schäme ich mich. Und man sieht das der Frau ja auch nicht von außen an, ob sie sich nicht vielleicht doch gern mal hin und wieder gemütlich anpinkeln lässt, außer bei der von der Leyen, da bin ich mir fast zu hundert Prozent sicher. Ich habe mal davon geträumt, dass das eine wollte, dass ich sie anpinkle, und dann habe ich mich auf sie draufgesetzt, und sie fragte verstört, was das solle, ich solle mich gefälligst hinstellen, und ich sagte dann, dass ich mich ja sonst auch immer zum Pinkeln hinsetzen müsse, da wäre ich konditioniert. »Perversling!«, schrie sie, ich wachte schweißgebadet auf und hatte ein paar Tage lang Erektionsprobleme.

Nein, das mit den Mitessern verstehe ich beim besten Willen nicht, das tut ja auch weh, das hat am Ende des Tages noch nicht mal was mit Spießigkeit zu tun, sondern auch mit Feigheit. Und das ist doof, ich will keine Angst beim Sex haben, das finde ich anstrengend. Denn eigentlich, eigentlich will ich einfach nur meine Ruhe haben, auch beim Sex. Und wenn mir jemand dabei ins Gesicht schlägt, mich beschimpft, anpinkelt, ankotzt, anniest oder ausufernd Gesichtspflege betreibt, dann artet das in Stress aus, und wenn eins nicht Feng Shui ist, dann Stress, und Stress fördert Pickel. Und dann wird da ganz schnell ein Teufelskreis draus.

Kathrin Passig

Alles halb so wild

Wenn mein Handy klingelt und eine unbekannte Rufnummer anzeigt, ist meist jemand dran, der »Ja, äh, ich ruf wegen der Anzeige an« sagt. Die betreffende Anzeige erscheint in Berliner Stadtmagazinen und stammt vom Verein »BDSM Berlin«, den ich vor gut zwölf Jahren mitgegründet habe. Wenn ich damals geahnt hätte, wie oft ich den Begriff »BDSM« am Telefon würde erklären müssen, hätte ich allerdings auf einen anderen Namen bestanden. »BDSM« ist eine im Internet und im englischsprachigen Raum gebräuchliche Abkürzung für »Bondage, Discipline, Domination, Submission, Sadomasochism« – in anderen Worten also für alles, was irgendwie mit Fesseln, Schmerzen, Unterwerfung zu tun hat.

Den Anrufern sage ich immer, dass alles, was sie wissen wollen, auf der Webseite von BDSM Berlin ausführlich erklärt ist. »Die Adresse steht gleich neben meiner Telefonnummer, Sie bräuchten nur einen Internetzugang, haben Sie den?« – »Ja, klar, dann seh ich da mal nach, danke.« Danach lege ich auf und schlafe wieder ein. Aus irgendeinem noch zu erforschenden Grund interessieren sich die Menschen vor allem morgens für BDSM.

Vor zehn Jahren lautete die Standardantwort noch: »Internet, nee, so was hab ich nicht«, und ich musste am Telefon erklären, welche BDSM-Angebote, -Läden und -Clubs es in Berlin gibt (viele), ob man da einfach so hingehen kann (ja, kann man) und ob es dort sehr viele Singlefrauen gibt (nein, eher nicht). »Legen Sie sich doch einen Internetzugang zu«, pflegte ich flehentlich zu sagen, »damit wird wirklich alles viel einfacher!«

Heute stimmt dieser Ratschlag mehr als jemals zuvor.

»Alberne Idee, für so was einen Verein zu gründen«, denken Sie sich vermutlich schon seit dem ersten Absatz. Aber damals, im späten 20. Jahrhundert, war es wirklich noch schwer, brauchbare Informationen über BDSM zu finden, wenn man nicht genau wusste, wo man zu suchen hat. Diesem Missstand wollten wir abhelfen.

Heute ist das alles ein bisschen leichter, zum Beispiel dank Wikipedia. Und auch Zeitungen und Zeitschriften, die sich noch vor wenigen Jahren weigerten, Anzeigen mit BDSM-Inhalt abzudrucken, haben eingelenkt. Wenn die Kleinanzeigenredaktionen auf ihrem Standpunkt beharrt hätten, wäre das aber auch egal, schließlich hat sich die gesamte Partnersuche weitgehend ins Internet verlagert. Das ist im Rest der Welt nicht anders, im BDSM-Bereich ist die Verschiebung aber besonders ausgeprägt. Die größte auf BDSM spezialisierte Webseite im deutschsprachigen Raum ist derzeit im Heterobereich die Sklavenzentrale (sklavenzentrale.com) mit knapp hundertdreißigtausend Nutzern.

Seit einigen Jahren kann man dabei beobachten, wie BDSM-Interessen nicht mehr nur in spezialisierten Foren geäußert werden, sondern auch bei regulären Kontaktbörsen und in sozialen Netzwerken als Standardoptionen auftauchen. Diverse BDSM-Ideen scheinen allmählich in den Mainstream einzufließen, so wie, sagen wir, Oral- und Analverkehr im Laufe des 20. Jahrhunderts von unaussprechlichen Randgruppenschweinereien zu normalen Bestandteilen des sexuellen Repertoires wurden.

Die AOK behauptete zwar noch im Juni 2009 auf ihrer Website: »Der Masochismus gehört nicht zum normalen Sexualtrieb, er ist krankhaft. Meist sind die Ursachen der Störungen in der Familiengeschichte der Betroffenen oder generell in psychisch traumatisierenden Erlebnissen zu suchen. (...) Prophylaxe: Eine Vorbeugung gegen Masochismus gibt es nicht.« Darauf aufmerksam gemacht, versprach man aber »Prüfung und Überarbeitung in Kürze«.

Solche spätestens seit den Achtzigerjahren überholten Aussagen findet man auch in der Fachliteratur noch häufig, und ihre Verfasser können vermutlich gar nicht so viel dafür. Neuere Forschungsergebnisse sind rar, werden nur auf Englisch veröffentlicht, und man stolpert auch als Mediziner oder Psychologe nicht unbedingt versehentlich über sie.

In einer der größten Studien der letzten Jahre wurden zwanzigtausend Australier zu ihrem Sexualverhalten befragt, wobei sich herausstellte, dass sich etwa zwei Prozent aller Erwachsenen regelmäßig mit BDSM befassen. Bei den homo- und bisexuellen Teilnehmern der Umfrage lag die Rate etwas höher. Unterschiede zu den übrigen achtundneunzig Prozent ließen sich nicht feststellen; Männer, die BDSM praktizierten, erwiesen sich sogar als überdurchschnittlich glücklich.

Rechnet man die in dieser und anderen größeren Studien gefundenen Prozentsätze auf den deutschsprachigen Raum um, muss es hier mindestens zwei Millionen BDSM-Interessierte geben. Daraus lässt sich schließen, dass nicht nur Ärzte und Psychologen einen sehr kleinen und wenig repräsentativen Teil aller Sadomasochisten zu sehen bekommen und in der Folge Texte wie den auf der AOK-Webseite verfassen. Auch die öffentlich sichtbare Subkultur mit ihren Clubs, Online-Communitys und Vereinen vertritt nur einen winzigen Teil der eigentlich an BDSM Interessierten. Die überwiegende Mehrheit aller Sadomasochisten scheint ganz gut ohne uns zurechtzukommen, und wir können nur darüber spekulieren, wie diese unsichtbare Mehrheit tickt. Ich bin allerdings ganz froh, dass die vermissten Millionen nicht alle bei mir anrufen und BDSM erklärt haben wollen.

Ignorieren Sie also bitte nicht nur das, was Mediziner auf Basis von Einzelfällen aus ihrer Praxis über BDSM behaupten. Sie dürfen ruhig auch weghören, wenn Leute wie ich Ihnen predigen, öffentliches Bekennen zu seinen sexuellen Interessen und Beteiligung an der BDSM-Subkultur sei eine gute und wichtige Sache, irgendwer müsse schließlich für Aufklärung sorgen und protestieren, wenn die Politik sexuelle Freiheiten von Sadomasochisten mit der Begründung einschränken will, die seien schließlich alle Gewaltverbrecher oder würden früher oder später zu welchen.

Interessante Gefühle beim Betrachten von Bondagefotos verpflichten zu gar nichts – nicht zum Kauf teurer Fetischkleidung, nicht zum Besuch von Clubs, nicht zum Einhalten der »tausend Verhaltensmaßregeln für Sklaven«, und auch nicht zu einem Coming-out. Vorausgesetzt, Ihr Sexualleben macht Sie glücklich und Sie hegen keine heimlichen Sorgen, ein schmutziger Perversling zu sein, dürfen Sie meinetwegen genau so weitermachen wie bisher. Und alle anderen sollten sich klarmachen, dass die folgenden Punkte nur Vorurteile sind:

1. Sadomasochisten sind krank.
Nur wenn sie sich eine Grippe einfangen. Es gibt keine Anzeichen dafür, dass sich Sadomasochisten, außer in ihren sexuellen Vorlieben, von anderen Menschen unterscheiden.

2. Sadomasochisten genießen Schmerzen.
Viele Sadomasochisten können Schmerzen nichts abgewinnen. Ihre Spiele drehen sich um Macht, Unterwerfung und Demütigung. Und die, die Schmerzen tatsächlich schätzen, gehen deshalb noch lange nicht gern zum Zahnarzt.

3. Sadomasochismus ist Gewalt.
Der Unterschied zwischen Gewalt und Gewaltdarstellung ist Sadomasochisten klarer als vielen Filmkritikern. SM hat mit Gewalt ungefähr so viel zu tun wie *World of Warcraft* mit dem Irakkrieg.

4. Es gibt Sadisten und Masochisten, und eines ist häufiger als das andere.

Je nach untersuchter Subkultur wird mal die eine, mal die andere Rolle als die beliebtere beschrieben. Ein großer Teil der Sadomasochisten fühlt sich auf beiden Seiten wohl.

5. Die Ursache liegt in ...
Über die Ursachen sadomasochistischer Interessen hat man bisher nicht sehr viel herausgefunden. Man kann aber wohl mit Sicherheit sagen, dass es die eine, alles erklärende Ursache nicht gibt. Zum einen fallen die individuellen Ausprägungen ganz unterschiedlich aus, zum anderen können auch äußerlich ähnliche Verhaltensweisen ganz verschiedene Hintergründe haben. Die Biografien und Erfahrungen von Sadomasochisten weisen jedenfalls keine Elemente auf, die allen gemeinsam wären.

6. Sadomasochisten finden nur sehr schwer einen Partner.
Sadomasochisten, die ihre Interessen geheim halten und mit niemandem darüber sprechen, haben es hier in der Tat ein wenig schwerer als andere. Aber hey, das ist nichts, was man nicht durch blendendes Aussehen und Reichtum ausgleichen könnte.

7. Es gibt wenige Sadomasochistinnen. Frauen spielen meist nur wegen des Geldes oder dem Freund zuliebe mit.
Der Frauenanteil bei heterosexuellen SM-Veranstaltungen liegt bei etwa einem Drittel. Wer sich im eigenen alltäglichen Umfeld umsieht, wird feststellen, dass das den Verhältnissen bei den meisten sozialen Anlässen entspricht.

8. Sadomasochismus wird von abgestumpften Leuten praktiziert, die alles andere schon ausprobiert haben.
Die meisten Sadomasochisten wissen sehr früh, oft schon vor der Pubertät, ziemlich genau, was sie wollen. Der übersättigte, alte Lustmolch, der mit SM-Praktiken seine Impotenz zu beheben versucht, ist eine Legende.

9. Sadomasochismus ist ein Ausgleich zu den Anforderungen des Alltags: Erfolgreiche Manager lassen sich nach Feierabend von der Domina erniedrigen und frustrierte, kleine Männer geben zu Hause vor der Ehefrau den großen Meister.

Sadomasochistische Praktiken können diese angenehme Funktion haben, müssen es aber keineswegs. Dominantes Auftreten im Alltag weist weder darauf hin, dass der oder die Betreffende auch im Bett dominant ist, noch kann man das Gegenteil daraus ablesen. Man sieht den meisten Leuten einfach nicht an, welche Seite sie bevorzugen.

10. Im Laufe der Zeit werden die Praktiken immer extremer. SM-Fantasien neigen wie alle sexuell stimulierenden Vorstellungen zu Abnutzungserscheinungen und werden dann ausgebaut. Das heißt, dass man in der Praxis hin und wieder neue Spielweisen entdeckt, die Spaß machen. Es heißt nicht, dass man nach ein paar Jahren zwanzig Latexanzüge übereinander trägt.

Und zum Schluss: Falls Sie zu den Themen dieses Beitrags noch Fragen haben, rufen Sie mich ruhig vormittags unter 0179/5912995 an und reißen mich erbarmungslos aus dem Schlaf. Ich mag das.

Joachim Zawischa

Verkaufsoffener Sonntag

»Is schon komisch.«
»Was?«
»Na, die deutsche Sprache.«
»Du liegst im Bett nackt neben mir und denkst an die deutsche Sprache?«, fragte ich Bettina.
»Sei froh, dass ich nicht dran gedacht hab, als ich vorhin nackt unter dir gelegen hab«, konterte sie.
»Schwacher Trost. Aber was ist denn jetzt so komisch an der deutschen Sprache?«
»Na ja, das Wort ›Beischlaf‹ klingt doch irgendwie komisch, oder?«
»Oh, man merkt, dass du Deutsch studiert hast«, stichelte ich.

Diese Art von Gesprächen erinnerte mich immer an einen Abend mit meinem Studienfreund Rüdiger. Wir waren damals beide im dritten Semester. Er hatte sich kurz zuvor von seiner Freundin, einer Germanistikstudentin, getrennt und wollte nun mit mir seinen Kummer runterspülen. Nach dem dritten Wodka fing er an, mir sein Leid zu klagen.

»Wenn ich dir einen Tipp unter Freunden geben kann«, begann er mit schwerer Zunge, »dann vögle nie mit einer Germanistin. Da hast du das Gefühl, der Duden liegt immer mit im Bett. Da musst du sogar grammatikalisch richtig stöhnen.«

»Ach, du bist jetzt nur frustriert, weil das mit Monika nicht geklappt hat. Eigentlich sind sie doch ganz süß«, versuchte ich, ihn zu trösten, und schielte zum Nachbartisch, an dem zwei hübsche Studentinnen saßen, die ich schon einmal in einem Seminar mit dem Titel »Die Verführung in der deutschen Literatur der Gegenwart« gesehen hatte.

»Vergiss es, Alter. Das sind alles banale, äußere Dinge. Da falle ich nicht mehr drauf rein«, prostete mir Rüdiger zu und bestellte sich den nächsten Drink. Ich erinnere mich noch genau, wie er seinen Stuhl zu mir heranrückte, mir seinen Kopf entgegenstreckte und geheimnisvoll tuschelte: »Ich verrate dir mal was, also unter Männern, darfste aber niemandem weitersagen. Wenn wir's getrieben haben, Monika und ich, das war total scheiße. Nicht dass der Sex schlecht gewesen wäre, wir haben es sogar holländisch gemacht.«

»Holländisch?«

»Na ja, unter Wasser. Wie gesagt, der Sex war richtig geil, aber ständig hat sie meine Sätze verbessert. Ich war immer am überlegen, heißt das jetzt ›Gib's mir!‹ oder ›Gib mir's!‹. Verstehste? Ich konnte mich gar nicht mehr aufs Eigentliche konzentrieren.« Und nach einer kurzen Pause fügte er hinzu: »Oder heißt das ›aufs Wesentliche‹? Ach, egal. Als ich dann wissen wollte, ob sie mir als Germanistin den Ursprung des Aphorismus ›Dumm fickt gut‹ erklären könne, hat sie mich rausgeschmissen. Da hat sie ein Theater gemacht, ob das denn jetzt heiße, sie sei zu blöd zum Vögeln, nur weil sie studiert habe. Dabei war das doch gar nicht so gemeint, verstehste?«

Ich verstand Rüdiger sehr gut, obwohl ich damals noch nicht ahnen konnte, dass ich mich mal in einer ähnlichen Situation befinden würde. Zwar verbesserte Bettina nicht meine Sätze, doch dieses ständige Hinterfragen, warum dieses Wort denn so und jenes anders geschrieben werde und woher der Ursprung des Wortes überhaupt stamme, das ging mir schon auf die Nerven. Vor allem, weil sie das meist im Bett tat, kurz nach dem Sex.

»Schatz, woran denkst du grad?«, riss sie mich aus meinen Gedanken.
»Ach, an nichts«, log ich.
»Ihr Männer seid total unkommunikativ.«
»Bitte komm mir jetzt nicht wieder mit diesem ›Männer sind vom Mond und können auch nicht einparken‹ oder wie das heißt«, versuchte ich sofort jegliche Grundsatzdiskussion über männliche und weibliche Verhaltensweisen zu unterbinden. »Wieso kann man nicht einfach nur Spaß beim Sex haben? Egal, ob das nun Beischlaf, Bumsen, Vögeln oder sonstwie genannt wird.«
»Wie würdest du denn am liebsten dazu sagen?«, wollte sie wissen.
»Keine Ahnung! Ich hab mal das Wort ›Verkasemaduckeln‹ gehört.«
Bettina lachte laut auf, sprang aus dem Bett und holte ihren Laptop. »Das glaub ich nicht, das hast du dir jetzt ausgedacht«, kicherte sie noch immer. »Wie hieß das? Verkatzemarduckeln?«
»Verkasemaduckeln«, berichtigte ich sie nicht ganz ohne Stolz, endlich mal einen Beitrag zu unserem Deutschdiskurs leisten zu können, bei dem ich der Klügere war.
»Das ist ja irre. Wenn ich bei Google die ersten vier Buchstaben von ›verkasemaduckeln‹ eingebe, wird mir ›verkaufsoffener Sonntag‹ vorgeschlagen.«
»Das isses«, triumphierte ich. »Das ist doch das ultimative Synonym für ›Sex haben‹.«
»Du meinst, in Zukunft sage ich nicht mehr ›Ich bin so richtig geil‹, sondern ›Bei mir ist schon wieder verkaufsoffener Sonntag?‹«
Wir wurden von einem unmissverständlichen Geräusch aus der Nachbarwohnung unterbrochen. Es lag nicht unbedingt an der Hellhörigkeit der Wände, vielmehr an der Intensität der Laute,

die in immer kürzer werdenden Intervallen immer lauter ausgestoßen wurden, so lange bis sie mit einem finalen Lustschrei abrupt abbrachen und von Bettina und mir mit einem respektvollen Kopfnicken quittiert wurden.

»Sag mal, was macht unsere Nachbarin eigentlich beruflich?«

»Die ist Verkäuferin.«

»Sag ich doch, nichts geht über einen verkaufsoffenen Sonntag.«

Karsten Lampe

Mein Penis

Vorwort: Die folgende Geschichte ist autobiografisch. Sie ist außerdem sehr eklig und ein bisschen erotisch. Andersherum wäre es mir lieber.

Teil 1, Prolog

Es gibt für alles ein erstes Mal. Was es hingegen nicht gibt, sind zweite erste Male. Fremdes Land kannst du nur einmal betreten. Anfänge haben eine kurze Halbwertzeit, aber sie geben einen guten Einstieg für Geschichten ab. Und einen anderen Grund braucht es nicht, auch diese mit einem solchen ersten Mal beginnen zu lassen.

Zum ersten Mal in meinem Leben trat ich an eine Frau heran und sagte: »Guten Tag. Meine Name ist Lampe, und aus meinem Penis fließt Blut.«

Die Arzthelferin lächelte mich irritiert an. Sie schien den Ernst der Lage nicht begriffen zu haben. Also versuchte ich, ihr den Inhalt meiner Botschaft in kleinen didaktischen Portionen zu vermitteln: »Wissen Sie, vorhin auf Arbeit, da habe ich mich an meinen Schreibtisch gesetzt und spürte plötzlich feuchte Wärme im Schritt.«

»Feuchte Wärme?«, wiederholte sie, was ich als gutes Zeichen wertete. Wir kamen voran.

»Oder warme Feuchte. Wie Sie wollen. Zuerst dachte ich, ich hätte mir in die Hosen gemacht. Kein Wunder bei der Wirtschaftslage. Aber dann bin ich doch mal nachsehen gegangen und habe reichlich Blut in meiner Hose gefunden. Und wissen Sie, was ich da gedacht habe?«

»Was?«, fragte sie, jetzt ehrlich interessiert.

»Ich dachte: Jetzt bist du ein großes Mädchen.«

...

Die Momente vergingen. Wir sahen einander an, ohne dass mir eilfertige Pfleger einen Rollstuhl oder wenigstens eine »Bild der Frau« fürs Wartezimmer herangekarrt hätten.

Also noch mal von vorn: Ich ging hinaus, kam wieder herein und sagte: »Guten Tag. Mein Name ist Lampe, und mein Penis blutet. Finden Sie das nicht auch furchtbar interessant?«

Interludium

Meine Damen, meine Herren, werte Honoratioren, liebe Leserinnen und Leser. Ich ahne diese Melange aus Faszination und Widerwart, die sich gerade einem dünnen Ölfilm gleich über Ihre Mimik ergießt. Aber lassen Sie mich versichern, dass dieser Text für mich nicht nur einen billigen Vorwand darstellt, seitenlang über mein Genital, meinen Joystick, den Handtuchhalter, Sir Lancelot, Long John Silver, den Jadegeneral, den Vizepräsidenten, Mister Happy Pants, die Zündschnur, Señor Ding Dong, das Wurzelchakra, kurz über meinen Hochspannungsmast zu sprechen. Mitnichten! Dies hier ist eine Parabel vom Sehnen und Träumen, ein Schauspiel, ein Drama, gespielt auf einer Bühne, gezimmert aus den alpgrauen Schatten, welche Wünsche im Licht der Wahrheit werfen.

Teil 2, Traumsequenz

Wenn es eine Schnittmenge zwischen mir und Gangsterrap gibt, dann ist das der Wunsch, einmal mit verschränkten Armen auf dem Rücken zu liegen, während mehrere Frauen meinen Mittelpunkt im Rhythmus kenianischer Trommeln mit geheimnisvollen Substanzen salben. Doch wie so oft konnte der Moment dem Bild, das ich mir von ihm gemacht hatte, nicht völlig gerecht werden. Die Realität weigerte sich vielmehr standhaft, meinen Anforderungen zu entsprechen.

Zum Beispiel herrschte im Sprechzimmer ein eklatanter Mangel an Trommeln.

Den Takt gab stattdessen eines dieser widerlichen Kugelspiele vor. Sie wissen schon, so Schreibtischtinnef. Fünf kleine Metallkugeln, die in einem Metallgerüst an Schnüren hingen und immerzu klackend hin und her schwangen. Kleine Kugeln, klack, klack, die immerfort aufeinander schlugen, klick-klack, hart aufeinander trafen, klackediklack, und irgendwie so überhaupt nicht zu meiner Beruhigung beitrugen.

Des Weiteren war es in meiner Fantasie nie nötig, meinen Penis vorsichtig mit Daumen und Zeigefinger aufzurichten. Das konnte er ganz von allein. Ja, wenn man ihn berührte, dann nur kraftvoll mit der ganzen Hand, ach, der kompletten Armbeuge, um die Signale, die einem die Augen zu übermitteln versuchten, durch den Tastsinn voller Ehrfurcht zu bestätigen!

Und wenn dann am Ende einer solchen Prozedur etwas meinen Körper verließe, dann mit Sicherheit kein Blut, sondern ein Regenbogen!

»Tut das weh?«, fragte die Ärztin, eine Rothaarige mittleren Alters, die mit dieser Frage auch ihre letzte Chance auf eine Hauptrolle in meinen sexuellen Fantasien erfolgreich zertrümmert hatte.

»Tut das weh?«, fragte die Krankenschwester, die noch nicht einmal zum Casting vorgelassen worden war.

»Haben Sie Schmerzen?«, hörte ich sie unisono fragen.
»Nur existenzielle«, gab ich zur Antwort.

Teil 3, Lyrik

Ach, wenn der Mensch zwei Klöten wär,
bräucht keinen Grund er mehr, um abzuhängen,
um dort am Ende von zwei Samensträngen
seine Yogamatte auszupacken,
meditatief im Schatten einer Latte abzusacken.
Erst wär er voll, dann leer –
Yeah!

Teil 4, Epilog

»Tja«, sagte die Urologin. Es hatte lange gedauert, nach der Überweisung durch eine etwas konsterniert wirkende Allgemeinmedizinerin eine Urologin zu finden. In den ersten beiden Krankenhäuser taten an diesem Tag nur Urologen Dienst, und aus Erfahrung wusste ich, womit zu rechnen war, sollte ich mein bestes Stück achtlos vor anderen Männern entrollen. Neid, Missgunst, einmal auch ein Polizeieinsatz samt Hubschrauber. Trotz der Blutung konnte ich mich meiner Verantwortung nicht so einfach entziehen. Und so freute es mich doppelt, als sich endlich die Augen der Fachärztin staunend weiteten. Ich wusste, ich hatte richtig gehandelt.

Es folgten Abtasten und Ultraschall, beides ergebnislos, wenngleich Letzteres in mir einen bis dato unbekannten Kinderwunsch weckte.

»Tja«, sagte die Urologin noch einmal. »Ich weiß wirklich nicht, was Ihnen fehlt. Weder scheint der Schwellkörper verletzt zu sein, noch leiden Sie an Nierensteinen. Wenn ich raten müsste, würde ich sagen, Ihr Penis will nur angeben, oder aber es handelt sich um einen sehr ungewöhnlichen Fall von Stigma. Schließlich sind Weltuntergangskulte und Wunder derzeit wieder schwer im Kommen, wie ich hörte.«

Und das war es dann. Ich bedankte mich für ihre Mühen und ging heim. Am nächsten Tag versuchte ich, Kontakt mit dem Vatikan aufzunehmen, erhielt jedoch nie eine Antwort. Und so blieb mir nichts anderes übrig, als mit meiner neuen Behinderung weiterzuleben. Kurz hatte ich überlegt, mich einfach zum Anführer einer neuen Religion auszurufen. Die wöchentliche Kollekte hätte bestimmt gereicht, die Kosten für Taschentücher und saugstarke Herrenwindeln zu decken. Aber dann bekam ich Angst vor den vielen Prominenten, die sicherlich in Scharen zu meinem neuen Glauben übertreten würden. Deshalb reduzierte ich dann doch nur meine Ausgaben für Zigaretten. Die sind eh ungesund.

Volker Surmann

Unerwartetes Bekenntnis eines langweiligen Mannes

Er ist um die dreißig. Er ist groß, blond und schlank. Aber nicht attraktiv. Er ist ziemlich groß, recht blond und mehr oder weniger schlank. Unauffällig. Sein Körper, seine Haare, sein Gesicht – alles Standardware von der Stange der Schöpfung. Er ist ein Mann, wie ich ihn malen würde, wenn man mir die Aufgabe gäbe, einen langweiligen Mann zu malen. Und wenn ich überhaupt malen könnte. Doch ich kann nicht malen, und der Mann ist nicht gemalt, sondern er setzt sich in Fulda zu uns an den ICE-Tisch, den ich mir seit Frankfurt mit einer Frau aus Freiburg teile. Er fragt höflich, ob der Platz frei sei, dann setzt er sich und sagt: »Ich fahre heute das erste Mal mit der Bahn.«

»Ach Gott, wie drollig«, denke ich, und: »Kann das denn sein?«

Aber nervös genug ist der langweilige Mann jedenfalls. Er fragt nach einer Steckdose für seinen Laptop, findet sie, kriecht dafür aber komplett unter den Tisch. »Ach Gott, wie drollig«, denke ich noch einmal.

Der langweilige Mann klappt den Laptop auf und sagt etwas Langweiliges: »Ich baue hier mal mein kleines Büro auf.«

Ich glaube, er meint das witzig. Wer das erste Mal Bahn fährt, hält so etwas vielleicht für total originell, obwohl auch ein Bahn-Novize auf den ersten Blick sehen müsste, dass ein ICE-Großraumabteil längst ein Großraumbüro ist. Originell wäre, einen Drucker aufzubauen oder eine mechanische Reiseschreibmaschine, die am Ende jeder Zeile »pling!« macht.

Da fand ich die Frau aus Freiburg schon origineller, die, bis der langweilige Mann kam, Marmeladengläser in Geschenkpapier eingewickelt hat.

Dann fragt der langweilige Mann die Frau aus Freiburg: »Sind Sie Lehrerin?«

Die Frage kommt etwas unvermittelt. Aber der langweilige Mann ist nervös, vielleicht hat er in »Bahnfahren für Einsteiger« gelesen, dass Smalltalk am Platz dazugehört, und zieht nun die Trumpfkarte »Fragen nach dem Beruf«.

»Äh, wieso?«, fragt die Frau aus Freiburg zurück.

»Sie sehen aus wie jemand, der anderen etwas beibringt«, sagt der langweilige Mann.

Sie sagt, sie sei in der Tat Musikerzieherin, er sagt, er sei Journalist. Er schreibe für eine Mainzer Zeitung und habe morgen ein Vorstellungsgespräch bei einer Nachrichtenagentur in Berlin. Er müsse, jetzt, wo das Studium zu Ende sei, auch mal weiterkommen. Bei seiner Mainzer Zeitung kriege er ja neunzig Euro pro Artikel, das wäre ja ein gutes Einkommen, wenn er das täglich bekäme, bekomme er aber nun mal nicht, deshalb jetzt Berlin. Wie viel sie so verdiene?

Die Musikerzieherin aus Freiburg guckt etwas komisch und erklärt, dass sie mit Musikschülern nur nachmittags Geld verdienen könne, ihr aber ein hohes Einkommen nicht wichtig sei.

Daraufhin ist das Gespräch mit dem langweiligen Mann zu Ende. Mich bezieht er gar nicht erst ein, denn ich habe mich von Anfang an in ein Buch vertieft. Entweder hält er mich für zu interessant, um mich anzusprechen, oder er hält mich für noch langweiliger. Beides ist mir recht, denn der langweilige Mann macht mich nervös. Er zappelt in seiner Sitzschale rum, er tippt auf seinem Laptop, er telefoniert, er zerschnipselt eine Fahrkarte; nichts wirklich Auffälliges, und trotzdem quillt bei dem langweiligen Mann die innere Unruhe aus allen Ritzen seiner Existenz. Wenn man eine Aurafotografie von ihm machte, sähe man auf dem Bild hinterher einen Fünfjährigen mit abgeklebter Brille, der furchtbar dringend aufs Klo muss.

»Junge«, möchte ich ihm gerne sagen, »vergiss das mit der Nachrichtenagentur. Wenn du in deinem Bewerbungsgespräch so bist wie hier im Zug, kannst du eigentlich schon in Kassel aussteigen. Fahr zurück nach Mainz. Berlin ist nichts für dich. Neunzig Euro für einen Artikel über den Karnevalsverein Ginsheim-Gustavsburg sind doch auch okay.«

Als der langweilige Mann mal kurz zur Toilette ist, sagt die Musikerzieherin aus Freiburg: »Puh, ist das ein unruhiger Geist.« Dann verzieht sie sich mit Sack und Pack und Marmeladengläsern in den Speisewagen.

In Göttingen setzt sich eine junge Mutter mit Kleinkind auf den freien Platz neben mir, der langweilige Mann wird zum Glück etwas langweiliger und tippt auf seinem Laptop rum. Ich lese, die junge Mutter liest, ihre Tochter schläft seelenruhig auf ihrer Brust.

Irgendwann fragt der langweilige Mann: »Entschuldigung, darf ich Sie mal was fragen?«

»Ja«, sage ich.

»Wissen Sie, ob es hier am Tisch auch einen Mülleimer gibt?«

Die junge Mutter zeigt auf die entsprechende Klappe.

»Wären Sie so gut, gerade – ja, danke.« Gemeinsam schieben sie einen Rucksack von der Mülleimerklappe, einige Papierschnipsel werden verklappt, und im Zurücklehnen sagt der langweilige Mann: »Ich befriedige mich auch gelegentlich selbst.«

Für einen kurzen Moment hält das Universum den Atem an.

Der Moment ist exakt so lang, wie die Schallwellen vom Außen- übers Mittelohr zum Innenohr brauchen, vorbei an Trommelfell und Gehörknöchelchen zur Hörschnecke, in der eifrige

Stereozilien Neurotransmitter ausschütten, die vom Hörnerv zum auditiven Cortex der Großhirnrinde geleitet werden, wo sofort Vergleiche mit bereits bekannten Schallmustern gezogen werden, diverse satz- und wortsemantische sowie syntaktische Verarbeitungszentren in Frontal- und Temporallappen sowie Brodman-Areal hinzugezogen werden; irgendwo im Zentrum für Sinngegenprüfung leuchtet eine rote Warnlampe auf, das Geißler-Areal für schwierige Fälle wird eingeschaltet, ein runder Tisch der Semantik kommt zu keinem Ergebnis, beschließt aber als Sofortmaßnahme, die Stirn krauszuziehen und einen fragenden Blick aufzusetzen.

All das dauert eine halbe Ewigkeit, etwa 0,7 Sekunden. Dann atmet das Universum wieder. Die junge Mutter war 0,1 Sekunde schneller, auch ihre Stirn ist kraus, auch ihr Blick ist fragend, aber ihr Sprachzentrum ist ein Wort weiter; sie sagt: »Was?«

»Ich befriedige mich auch gelegentlich selbst«, wiederholt der langweilige Mann und fügt hinzu: »etwa alle zwei Monate«.

Das Universum hat Schluckauf. Mein Brodman-Areal guckt blöd aus der Wäsche. Schwerer Ausnahmefehler in der Sprachverarbeitung. Diese Anwendung reagiert nicht. Keine Rückmeldung. Wollen Sie die Anwendung schließen?

Ich gucke meine Sitznachbarin an, meine Sitznachbarin guckt mich an, ich gucke mich um und schaue ins Gesicht einer anderen Frau. Sie schaut gerade ratlos in mein Gesicht. Uns allen steht ins Gesicht geschrieben: Brodman-Areal out of order.

Hat er das gerade wirklich gesagt? Hat er nicht gesagt: »Ui, der Mülleimer am Tisch ist aber ganz schön voll, ja ja, die Bahn mal wieder!«? – Nein, hat er nicht. Aber wollen wir nicht einfach so tun als ob?

Inzwischen hat der in meinem Gehirn gut ausgeprägte Nonsens-Lappen ein Grinsen in mein Gesicht geschickt, ich versuche es hinter meinem Buch zu verstecken, das gelingt nur bedingt und sieht bescheuert aus.

Der langweilige Mann scheint sich im Angesicht von sechs Augen, die ihn allesamt entgeistert anstarren, irgendwie unwohl zu fühlen. Er steht auf und geht aufs Klo. Mir fällt auf, dass ich den langweiligen Mann gar nicht mehr so langweilig finde.

Mein spontaner Gedanke ist: Tourette-Syndrom. Aber ist das nicht eine unkontrollierte Zwangshandlung?

»Ein interessantes Buch lesen Sie da gerade. Ficken Ficken Ficken Möse lecken. Ich lese auch gern Paul Auster.«

»Äh, was?«

»Oh Verzeihung, ich spreche manchmal etwas undeutlich. Ich sagte: Ficken Ficken Ficken Möse lecken. Kennen Sie seinen Roman ›Buch der Illusionen‹?«

Nein, Tourette scheidet aus.

»Ich befriedige mich auch gelegentlich selbst, etwa alle zwei Monate.« – Was sagt man auf so einen Satz?

Variante 0, der Normalfall: »Äh-he häää ... hä?!«

Variante 1, Umlenkung: »Ich befriedige mich auch gelegentlich selbst, etwa alle zwei Monate.« – »Ach, das ist ja interessant. Ich gehe gelegentlich in den Zoo, auch etwa alle zwei Monate. Wussten Sie, dass Tüpfelhyänen sich selbst einen blasen können und das auch tun?«

Variante 2, Konfrontation: »Ich befriedige mich auch gelegentlich selbst, etwa alle zwei Monate.« – »Vielleicht sollten Sie es öfter tun, dann stünde Ihnen der Saft nicht schon bis hoch ins Hirn, wo er anscheinend so einiges verklebt.« Das wäre arschcool. Wie so oft, fällt mir der Satz etwa zehn Minuten zu spät ein.

Variante 3, Konversation: »Ich befriedige mich auch gelegentlich selbst, etwa alle zwei Monate.« – »Ach, das ist ja interessant. Wie machen Sie es sich denn am liebsten? Haben Sie da bestimmte Techniken? Benutzen Sie Hilfsmittel? Woran denken Sie?« – Mit etwas Glück entwickelt sich ein angenehmes und sachbezogenes Gespräch über Masturbation, aus dem beide Seiten vielleicht noch etwas lernen können.

Der Zug fährt in Braunschweig ein. Der langweilige Mann packt wortlos seine Sachen, steht auf und verlässt den Wagen. Aber wieso? Wollte er nicht nach Berlin?

Als ich mir einen Kaffee im Bordbistro hole, sitzt er dort an einem Tisch. Ziemlich genau da, wo ich zuletzt die Musikerzieherin aus Freiburg gesehen habe. Die sitzt dafür wieder in unserem Großraumabteil. Was geht hier eigentlich vor?

Die Wahrnehmungsverarbeitung in meinem Hirn bootet sich seit einer Stunde immer wieder neu und schleudert mit Fragen um sich: Wieso hat sich der langweilige Mann aus Mainz eigentlich erst in Fulda zu uns an den Tisch gesetzt? Er muss doch schon seit Frankfurt im Zug sein? Sollte es gar so sein, dass der langweilige Mann den ganzen Tag schon durch den Zug mäandert? Immer so lange an einem Platz bleibt, bis er sich auf die Knochen blamiert und weiterzieht? Sitzen irgendwo anders im Zug auch noch Reisende mit verdatterten Brodman-Arealen? Sollte ich morgen Nachmittag mal die Nachrichtenagenturen in Berlin abtelefonieren und nach besonderen Vorkommnissen bei Bewerbungsgesprächen fragen?

Auf viele dieser Fragen wird es keine Antwort geben. Eine Antwort habe ich indes gefunden: Ich muss mich korrigieren, der langweilige Mann passt eigentlich doch ganz gut nach Berlin.

> Macht Sex Spaß?
> ☐ Ja
> ☐ Nein
> ☐ Vielleicht
> ☐ Weiß nicht

Kali Drische

LBD

Vorspiel:

»Duuu?« Keine Reaktion. Also noch mal: »Duuhuu?«
»Hnnh.«

Immerhin. Aber sie sieht nicht von ihren Unterlagen auf. Gut, denke ich, vielleicht umso besser. Ein bisschen Deckung kann nicht schaden.

»Also, ich finde, wir müssen mal reden«, eiere ich um den heißen Brei herum und lege widerstrebend die Chipstüte beiseite, die ich vor Anspannung fast geleert habe.

»Hn?«, die kurze Antwort. Es fällt mir schwer, schließlich reden wir nicht über so etwas. »Wenn man schon darüber reden muss, dann ist eh alles zu spät«, hatte sie mich mal angefahren, als ich schüchtern nach ihren Vorlieben fragte. Das ist nun schon sehr lange her, noch viel länger als das andere. Es hilft alles nichts. Ich muss da durch. So kann es nicht weitergehen.

Ich nehme meinen ganzen Mut zusammen. Heiser sage ich: »Wir hatten schon seit Monaten keinen Sex mehr!«

Sie fährt hoch und sieht mich verwirrt an. »Was? Wovon redest du?«

»Na, also, puh«, stottere ich im Angesicht ihrer streng blickenden Augen, »von Sex, denke ich. Also über kein Sex, und ...«, ich sehe sie Hilfe suchend an. In meinem Kopf versuche ich, mich an die Fesselfantasien zu erinnern, die ich in vertrauensvoller und immer süffiger werdender Nähe vorschlagen wollte. Ich nehme mich zusammen. »Na weil, das letzte Mal ist halt schon ...«

»Das habe ich verstanden. Und du meinst, das ist jetzt der richtige Augenblick? Du willst jetzt mit mir über Sex reden? Geht's noch? Siehst du diesen Stapel hier? Das muss ich bis morgen gelesen haben. Du weißt, wie wichtig die Verhandlung ist. Und du willst mir jetzt ein Beziehungsgespräch aufzwingen?«

»Süße«, fährt sie mit plötzlich milder Stimme fort, »es geht jetzt echt nicht, okay?«

Ich will schon einlenken. Denke dann an die frustig einverleibten Chips und bleibe hartnäckig, manchmal muss man einfach dran bleiben. »Ich habe halt Angst, dass es das jetzt war, bei uns mit dem Sex! LBD, du weißt schon.«

»Wie bitte?«

»Lesbian Bed Death.«

»Ich weiß, was LBD ist, aber das kann jetzt nicht dein Ernst sein?!«

»Doch«, stottere ich verunsichert, »ich meine, wir haben doch schon so lange nicht mehr, und da kann ...«

»Darum geht es doch gar nicht!«, fällt sie mir scharf ins Wort. Ich bin verwirrt. Doch, genau darum geht es. Warum regt sie sich plötzlich so auf?

»Ist dir eigentlich klar, was du da machst?« Fragend sehe ich sie an. Wovon redet sie? »Bei allen Paaren ist nach zwei bis drei Jahren die Luft raus. Egal ob homo oder hetero, schwul oder lesbisch. Warum machst du daraus ein lesbisches Problem?«

»Aber«, stottere ich in die kurze Pause, »ich will doch nur über unser Sexleben sprechen.«

»Das glaubst du vielleicht. Aber in Wirklichkeit willst du mir dein negatives Frauenbild überstülpen. Darauf habe ich echt keinen Bock.«

Retardierendes Moment:

»Ja, aber ...«, fange ich an und verstumme schuldbewusst. Ich sinke aufs Sofa und fühle mich schlecht. Und enttäuscht. Es ging ja schließlich nicht nur um mich, sondern um uns. Und wenn ich schon den ganzen Tag an Sex denke, müsste sich das doch auch mal umsetzen lassen. Mit ihr. Mit meiner Freundin. Ist das zu viel verlangt? Beim nächsten Gesprächsversuch hat sie vermutlich Kopfweh oder ist müde oder eben wieder gestresst. Wichtigwichtig.

Ärger kocht hoch, die Wut kribbelt in angeschwollenen Fingerspitzen. Irgendetwas muss geschehen. Ich greife nach der Chipstüte.

Neuer Anlauf:

Ich wühle mit meinen nun schwitzigen Händen in der fast leeren Tüte herum. Ich weiß, dass sie das nervt, aber ich brauche jetzt unbedingt irgendetwas Befriedigendes, Fettiges. Die Tüte knistert laut und wunderbar lästig. Doch auch die Chips entziehen sich mir, ich bekomme immer nur kleine Krümel zu fassen statt der unbedingt nötigen ganzen Hand voll. Habe ich das eben richtig mitbekommen? Wollte sie mir gerade die Schuld zuschieben?

Meine fettig bekrümelte Hand steckt in der Tüte, die sich an meine Haut klebt, und für mich kam noch immer nichts dabei heraus. Wütend stehe ich auf, schleudere die Tüte ab, ein Chipskrümelregen ergießt sich auf das Plüschbärenfell vor dem Couchtisch. Vom Schreibtisch kommt ein genervtes »Was ist denn jetzt schon wieder?«.

Das ist zu viel. Mein Hals schnürt sich zu, die geschwollenen Finger zucken, ein roter Schleier legt sich über meine Augen.

Gleich würde ich platzen, wenn nicht etwas geschieht, wenn ich sie nicht zwischen meine Finger bekomme. Ich stürze auf sie zu ....

Höhepunkt:

... und trete auf die Chipstüte, rutsche aus, verliere den Boden unter den Füßen, zucke mit allen vieren in der Luft und stoße mit dem Musikantenknochen, dieser so besonders empfindlichen Stelle des Ellenbogens, auf dem Couchtisch auf. Ein Blitz durchfährt mich, ich jaule und lande hilflos rücklings auf dem Plüschbärenfell. Tränen schießen mir in die Augen.

Après sex:

Als ich die Außenwelt wieder wahrnehme, kniet sie neben mir. »Schhh. Alles ist gut«, sagt sie und streicht mir über das Haar. Nach den Tränen der Wut und des Schmerzes kommen die der Erleichterung, leicht strömen sie meine Wange hinunter, die ich in ihren Armen vergrabe. Meine Zunge schmeckt salzige Tränen und Chipswürze im Mundwinkel. Ich bin orgastisch entspannt.

Na, geht doch.

Macht Sex Spaß?
☐ Ja
☐ Nein
☐ Vielleicht
☐ Weiß nicht

Sarah Bosetti

Er und Sie

Er und Sie liegen im Bett. Die Abendsonne taucht ihre Körper in rotgoldenes Licht. Ihr Kopf ruht auf seiner rotgolden schimmernden Brust, und ihr nicht minder rotgoldenes Haar kitzelt sein Kinn. Ihre Augen versinken in einanders Tiefen wie sonst nur Leichen im Moor. Das ist sehr romantisch. Natürlich heißen Er und Sie nicht wirklich Er und Sie, sondern Erna und Siegfried, aber wir leben nun mal im Zeitalter der Abkürzungen. Demnach steht »Er« für Erna, also für sie, und »Sie« für Siegfried, also für ihn, denn wir leben nun mal auch im Zeitalter der Verwirrung.

Er und Sie trafen sich schon sehr früh. Sie war der Sohn eines Schusters und Er die Tochter eines Bäckers, und so brachte Sie ihr Schuhe und Er ihm Brot. Heute bringen sie einander immer noch Schuhe und Brot, denn erstens kann man Schuhe und Brot immer brauchen, und zweitens haben sie es nicht anders gelernt. Er und Sie haben nie irgendwem anders Schuhe und Brot gebracht, immer nur einander. Wenn jemand fragt, ob Er oder Sie ihm oder ihr nicht auch mal Schuhe oder Brot bringen möchte, sagen sie: »Man muss sich ja nicht jeden Schuh anziehen«. Und dann lachen sie laut, denn Er und Sie erzählen nie irgendwem anders Witze, immer nur einander. Deshalb finden sie einander auch lustig. Dann guckt er dumm, der Fragesteller, und versteht die beiden nicht und die Welt schon gar nicht mehr, denn Er und Sie erklären sich niemandem, nur einander erklären sie alles. Die Welt zum Beispiel.

»Die Welt ist ein riesiges Puzzle«, sagt Er. »Und du bist das letzte Puzzleteil, das sie für mich zu einem Ganzen macht.« Und Sie sagt: »Mhm«, denn schließlich ist Sie der Mann in der Beziehung und hat mal irgendwo gehört, dass Männer immer »Mhm« sagen, wenn die Frau schmalzige Dinge vor sich hin brabbelt. Dann schmollt Er für eine Weile, weil Er findet, dass Sie auch etwas Schmalziges hätte sagen können. Und schließlich haben Er und Sie Versöhnungssex und sind wieder glücklich, weil sie merken, dass sie wirklich Puzzleteile sind, die noch dazu ziemlich gut ineinanderpassen.

Darüber vergessen sie sogar, dass man das letzte Puzzleteil immer verliert und dann monatelang ein unfertiges Puzzle auf dem Küchentisch liegen hat, anstatt die ganzen Teile einfach wieder auseinanderzufummeln und dann das einzig Richtige zu tun, was mit einem Puzzle zu tun ist: Es jemandem zu schenken, den man nicht leiden kann.

Er und Sie finden, dass das mit dem Fummeln auf dem Küchentisch eine gute Idee ist. Das »auseinander« haben sie einfach überhört, aber Er und Sie hören nun mal nicht jedem zu. Sie hören nur aufeinander. Dafür aber ziemlich gut. Obwohl Er eigentlich gar nicht auf Sie hört, sondern nur Sie auf Er. Wenn Er »Sitz!« sagt, setzt Sie sich hin. Wenn Sie »Sitz!« sagt, haut Er ihm eine runter, schließlich ist Er die Frau in der Beziehung, und Frauen haben sich lange genug unterdrücken lassen, findet Er.

Dann haben Er und Sie wieder Versöhnungssex, diesmal auf dem Küchentisch. Die Teile des zerfummelten Puzzles pieksen ihnen in den Rücken, aber das macht ihnen nichts aus, denn Liebe muss nun mal ein bisschen weh tun. Manchmal eben auch im Rücken. Doch wie immer, wenn Er und Sie »Es« tun, sind sie schnell damit fertig. Und dann schmeißen sie endlich das blöde Puzzle weg, weil so eine Metapher ja auch nicht ewig trägt.

Sie setzen sich an den Küchentisch. Die Morgensonne strahlt rotgolden durchs Fenster, Er backt Brot für Sie und Sie schustert Schuhe für Er, denn erstens kann man Schuhe und Brot immer brauchen, und zweitens haben sie es nicht anders gelernt.

Harmonie
Die Beziehung eines Bekannten hat jetzt den Punkt erreicht, an dem er und seine Frau sich so weit voneinander entfremdet haben, dass der Sex schon wieder spannend geworden ist. *(Björn Högsdal)*

V. ... und wenn jemand was mitkriegt?

Tilman Birr

Ich höre fickende Menschen

Zuerst kam Luz, die mit vollem Namen eigentlich Maria de la Luz Aranda-Labrador hieß, eine spanische Austauschstudentin: Reibeisenstimme, die Haare auf einer Seite abrasiert und den ganzen Tag auf Sternburg und Hanf. Wie unter spanischen Austauschstudenten üblich, verbrachte sie die Nächte damit, mit anderen Spaniern brüllend durch die Stadt zu ziehen, Bierflaschen auf der Straße zu zerdeppern und gegen zwei Uhr bei uns zu Hause einzufallen, die Küche in ein Schlachtfeld zu verwandeln und schließlich einen ihrer Mitspanier dazubehalten, um mit ihm laut bellend zu koitieren.

Wenn ich am nächsten Tag nachmittags nach Hause kam, traf ich meistens Luz an, die mit irgendeinem Alvaro, Jorge oder Javier in der Küche saß und laut »rathatha-rathatha« brüllte, bevor sie zur zweiten Runde in ihrem Zimmer verschwanden.

So sind sie, die Spanier, dachte ich. Die privatesten Dinge wie Trennungsstreit oder Stuhlgang erledigt der Spanier ganz ungezwungen und sehr laut auf dem Dorfplatz, Esel und Bauern paaren sich mit viel Gequieke unter den Orangenbäumen. Das ist da unten normal, und da soll man ihnen auch nicht unsere mitteleuropäischen Wertmaßstäbe so von oben so voll so aufzwingen.

Irgendwann zog Luz aus, auf sie folgte Sabine: ein schüchternes Mädchen vom Land, fleißig, lieb und still, mit Fernbeziehung zu einem etwas prolligen Glasergesellen aus ihrer Heimat, der regelmäßig mit seinem Ford Fiesta übers Wochenende zu Besuch kam. Sabine war das Gegenteil von Luz, denn sie setzte alles daran, den Eindruck zu machen, als hätte sie nie Sex. Ihr Freund war da weniger schamhaft. »Ich führe eine Fernbeziehung, bin ich jetzt ein Sextourist?«, hätte der Satz lauten müssen, der auf seinem T-Shirt stand. Stattdessen stand dort: »Schicken ist fön. Sumsen ist buper.« Ein wahrer Schöngeist.

Ihre Methode war es, die Tür zu verrammeln und den Fernseher laut zu stellen. Dies hatte jedoch den gegenteiligen Effekt. Wie oft bin ich über den Gang gelaufen und habe gedacht: »Ach, Sabine und ihr Freund haben wieder den Fernseher so laut aufgedreht. Dann sind se wohl grad am bumsen.«

Wie furchtbar! Man will ineinander versinken, will die Restwelt aussperren und nur noch einen Menschen an und um sich haben, aber im Hintergrund streiten sich von Mittelschichtlern gespielte Unterschichtler bei Barbara Salesch.

Ein Kurzhörspiel:

Zeuge: »Na ja, und da war dis so, dass er gesagt hat, er geht da jetz rein und haut dem Typen auf Maul, und da hat er Brecheisen genomm' ...«

Angeklagter: »Der lügt, doch, Alta! Frau Richta, der lügt, dit stümpt nisch.«

Sabine: »Hhhh!«

Zeuge: »Normal stimmt dis, du Hurensohn.«

Angeklagter: »Halt's Maul, du Fitschi. Oder willste ooch 'n paar?«

Glasergeselle: (grunzt)

Sabine: »Ffff...«

Barbara Salesch: »Sie sind still, sonst kriegen Sie ein Ordnungsgeld.«

Glasergeselle: »HMMOAAH!!!«
Sabine: »Pscht!«

Am liebsten wäre ich ins Zimmer gestürmt und hätte deklamiert: »Menschen! Lasst diesen Unsinn. Macht Lärm, denn alle anderen sollen grün werden vor Neid: Ihr habt Sex, die nicht. Freut euch, dass ihr ins Bett gehen könnt, mit wem ihr wollt. Für diese Errungenschaft hat die Generation unserer Eltern unzählige Flugblätter schreiben, Teach-Ins organisieren und nervtötende Diskussionen abhalten müssen. Und wie dankt ihr es ihnen? Indem ihr den Fernseher laut stellt. Na Servus!«

Oder ich hätte sie dezent darauf angesprochen:

»Sag mal Sabine, ihr seht dauernd fern, wenn dein Freund zu Besuch ist. Und dann auch noch so laut. Also, nicht dass mich das stören würde, aber ich denke mir, wenn ich Besuch von meiner Freundin hätte, dann würde ich wohl die ganze Zeit Sex haben wollen. Ist denn da alles in Ordnung bei euch?«

Das tat ich aber nicht, weil ich mir sicher war, dass sie dann vor Scham im Boden versinken oder im schlimmsten Fall fürderhin zum Geschlechtsverkehr mit dem Ford Fiesta in den Wald fahren würde, was ich ihr nicht antun wollte.

Auf Sabine folgte Anna: Anfang zwanzig, Biermischgetränke, Kreuzbergernächtesindlang, viele wechselnde Sexualpartner, und danach legt noch ein Electro-DJ auf. Sie wusste wahrscheinlich selbst um die Lautstärke ihres Koitus, sodass sie mich immer bat, die Wohnung zu verlassen, wenn sie Besuch bekam, und so wartete ich an ein bis zwei Abenden in der Woche in einer nahe gelegenen Kneipe darauf, dass Anna mir per SMS erlaubte, nach Hause zu kommen. Meistens schrieb sie dann einsilbige aber eindeutige Nachrichten wie: »Puh!«, »Uff!« oder »Yippie-yay-yeah!«.

Als Ausgleich dafür, dass ich ihr nicht zuhören konnte, erzählte sie mir immer en détail, was vorgefallen war:

»Tilman, Tilman! Der Marco war gestern hier. Ich hab noch nie so einen riesigen Schwanz gesehen. Der saß auf meinem Bett, und unten aus seiner Shorts guckte seine Eichel raus. Die hing ihm fast am Knie.«

Fortan konnte ich Marco, wenn er mal tagsüber zu Besuch kam, nicht mehr in die Augen sehen, ohne grinsen zu müssen.

Drei Mitbewohnerinnen, drei Herangehensweisen. Zwölf Jahre WG-Erfahrung haben mich folgende sieben Regeln als vernünftig ansehen lassen:

1. Schämt euch nicht: Nehmt Menschen mit nach Hause, wenn sie euch gefallen.

2. Schämt euch nicht: Schmeißt die Menschen wieder raus, wenn sie euch nicht mehr gefallen.

3. Macht dabei den Fernseher aus, auch die Musik. Höchstens ganz leise *Motörhead* oder *Slayer*.

4. Verheimlicht nichts: Wenn ihr dabei seid, und eure Mitbewohner klopfen an der Tür, ruft: »Herein!« Ihr wisst ja schon, was gleich passieren wird. Da wollen wir doch mal sehen, wem die Sache peinlicher ist.

5. Seid ruhig auch mal laut. Sex ist etwas Animalisches.

6. Grunzt nicht wie ein Eber. Nehmt Rücksicht auf die Nachtruhe eurer Mitbewohner. Seid nicht laut nach null Uhr.

7. Aber am wichtigsten: Schlaft nicht mit Freunden oder Verwandten eurer Mitbewohner. Da können ganz schlimme Sachen bei herauskommen. Glaubt mir, ich weiß, wovon ich spreche.

Ach ja: Einen männlichen Zwischenmieter hatte ich auch mal kurz. Auch ihn konnte ich hören, allerdings beim Pornokonsum. Als er auszog, gab ich ihm nicht die Hand.

Thilo Bock

Es liegt was in der Luft

Matze war in letzter Zeit meistens müde, wenn wir uns abends trafen, um uns, unterstützt von ein paar gepflegten Kaltgetränken, auszutauschen. Bei ihm um die Ecke hatte ein netter, kleiner Laden aufgemacht, der war gemütlich, nicht so überlaufen, und die Bedienung entpuppte sich als echte Augenweide.

Ein notorisch Suchender wie Matze sammelte beim Billigtrödler Zeug zusammen, um es bei Ebay teuer verscheuern zu können. Und eine Frau suchte er auch. Eine, die mehr für ihn wäre als eine heiße Affäre. Irgendwann würde er bestimmt so eine finden. Was er in letzter Zeit nur selten fand, war Schlaf. Die Nachbarn über ihm waren offenbar frisch verliebt. Zumindest der Lautstärke ihres Paarungsverhaltens nach.

»Die ficken die ganze Nacht lang«, Matze klang genervt, »alles, was es auf YouPorn so gibt, ist ein Scheißdreck dagegen. Beim ersten Mal fand ich das ja noch irgendwie aufregend, ich bin mitten in der Nacht wach geworden, und als ich nach ein paar Momenten kapiert hatte, wovon, war das irgendwie geil. Hab mir sogar einen runtergeholt, um besser weiterpennen zu können.« Er grinste. »Ihr Gekeuche war echt erregend, nur war ich viel schneller fertig als die über mir, weshalb ich leider doch nicht wieder einschlafen konnte. Und inzwischen nervt es mich bloß noch. Weiß gar nicht, wie die beiden aussehen, aber ich könnte die lässig unter zehn, ach, was, zwanzig Paaren raushören. Vor allem er seufzt im Abgang so markant auf.«

»Bewirb dich doch bei *Wetten, dass ..?!*«, war das Einzige, was mir zu sagen einfiel. Matze hatte dafür lediglich ein müdes Lächeln übrig. »Das ist echt scheiße, ich gönn denen ja den Spaß. Wenn das für mich nur nicht so belastend wäre. Neulich zum Beispiel, da kam eine hübsche Studentin zu mir.«

»Ach, wie heißt sie denn?«

»Egal«, Matze winkte ab, »du wirst sie nie kennenlernen, sie hatte bei Ebay diese eine Lampe ersteigert.«

»Was denn, die hässliche mit den Fransen?« Matze nickte. »Die gefiel ihr total, sie fand sie in echt wohl noch schöner als auf den Fotos, und ich hab Kaffee gekocht, wir haben uns voll gut unterhalten, ich war kurz davor, ihr die Lampe zu schenken, die Zeit verging wie im Flug, und ich hab sogar 'ne Flasche Wein aufgemacht, da ging oben das Gestöhne los, und mit so 'nem krassen Pornosound im Background kannst du dir jeden zarten Annäherungsversuch von vornherein sparen.«

»Sei froh«, sagte ich, »eine Frau, die auf so eine Lampe steht, hat keinen Geschmack und hätte dich nur unglücklich gemacht.«

»Danke, sehr einfühlsam.« Matze signalisierte der Bedienung, dass sie uns neues Bier bringen sollte. »Wahrscheinlich wissen die gar nicht, wie dünn die Wände sind«, sagte ich, »außerdem, im sexuellen Rausch kann man wohl überhaupt nicht einschätzen, wie laut man ist. Da müsstest du schon klingeln und mit ihnen reden.«

»Wie peinlich ist das denn?«

»Du kannst natürlich Zettel aufhängen: ›Bitte nachts schlafen und nicht schreien.‹«

Die Bedienung kam mit neuen Getränken. Matze fing sofort an, mit ihr zu flirten.

»Lass es lieber sein«, sagte ich, kaum hatte sie den Tisch verlassen. »Bei deinen Verhältnissen zu Hause!« Wir stießen an. »Hast recht«, sagte er. »Ja, ist besser so«, sagte ich und zwinkerte über Matzes Schulter hinweg der Bedienung zu.

Dann kam mir die Idee: »Du hast doch W-Lan, oder?«

»Klar«, Matze zuckte mit den Schultern.

»Und meinste, das Pärchen über dir hat auch welches?«

»Kann sein, ich empfange bestimmt vierzig verschiedene Netze«, sagte Matze.

»Typisch Berlin-Mitte«, sagte ich, »doch in dem Fall isses praktisch: Gib deinem Netz einen sprechenden Namen, vielleicht kriegen die das dann mit!«

»Was denn für 'nen sprechenden Namen?«

»Na, zum Beispiel: *Ich_kann_euch_ficken_hören*, oder: *Die_Wände_hier_sind_verdammt_dünn*.« Matze lachte zum ersten Mal an dem Abend. »Gute Idee!« Hastig trank er von seinem Bier, »das muss ich sofort ausprobieren, ich hoffe, du verstehst.« Weg war er. So hatte ich wenigstens Zeit, die Bedienung näher kennenzulernen. Ihr Name war Rosi, und sie wohnte nur eine Straße weiter.

Matze traf ich eine Woche später wieder. Richtig glücklich wirkte er nicht. Er werde sich wohl eine neue Wohnung suchen. »Ach je, hat's nicht geklappt?!«

»Nicht so richtig«, sagte er, »und jetzt hört man noch 'n neues Paar. Nicht aus'm Haus, sondern irgendwie in der Nachbarschaft. Kaum wird's wieder 'n bisschen wärmer, reißen gleich alle ihre Fenster auf!«

»Tut mir leid«, sagte ich, »das mit dem W-Lan war auch nur so 'ne Idee, das viele Bier, wer liest schon die Netznamen, wenn er einmal eingeloggt war.«

»Na, doch, plötzlich haben fast alle so komische Namen.«

»Sag an!« Und Matze tat's. Er hörte gar nicht mehr auf: Seine W-Lan-fähige Nachbarschaft schien sich inzwischen quasi ausschließlich über die Namen ihrer Netze zu verständigen: »*Ficken_ist_immer_noch_besser_wie_Hiphop*, *Wir_sind_garantiert_lauter_als_ihr*, *Schrankwand_abzugeben*, *Das_klingt_mir_arg_nach_Video_Ihr_*

Schwindler_schon_wegen_der_Musik,   Wer_nimmt_meiner_neuen_ Freundin_die_hässliche_Lampe_mit_den_Fransen_weg,   Lisa_25_hätte_auch_mal_wieder_Lust_meldet_euch_Jungs.«

»Und?«, unterbrach ich. »Gab's Interessenten?«

»Ja, schon«, Matze verzog das Gesicht, »für unser Haus ist die aber echt zu leise, deswegen will ich ja umziehen. Ist voll peinlich, wenn's über dir lauter stöhnt als in deinem Bett, und am nächsten Tag stehen zudem noch hämische Kommentare bei den W-Lan-Namen.« Er hob die Hand, um neue Getränke zu bestellen. Rosi winkte uns zu. »Warum grinst die Bedienung eigentlich andauernd hier rüber?«, fragte Matze.

»Ach, weißt du ...«

Andreas Weber

Action Andy und das Geheimnis der schreienden Katzenbabys

»Ey, Action Andy, was guckste denn wie drei Tage Regenwetter«, fragt die Schnarchnase Jochen und schmeißt seinen Amigo-Tornister direkt neben mich auf die Rückbank unseres Schulbusses. Eigentlich hab ich gar keinen Bock auf den alten Fotzkopp. Und eigentlich hat Jochen gar kein Recht, hinten auf der Rückbank des Schulbusses zu sitzen, weil hinten – das weiß jeder – immer nur die Coolen sitzen, und »cool« und Opfer-Jochen mal so gar nicht zusammenpasst. Aber heute bin ich zu schwach, um ihm die Meinung zu geigen oder eins auf die Nase zu geben, denn ich habe schlecht geschlafen. Eigentlich habe ich sogar gar nicht geschlafen. Und so sage ich auch einfach nichts und schaue nur nachdenklich aus dem Fenster auf die verregneten, mit Wildkadavern übersäten Straßen meiner Stadt. Überall dieser Schmerz, diese Gewalt, denke ich und muss an die letzte Nacht denken, die mir wieder eine weitere tiefe Narbe für das Leben verpasst hat.

Es war so gegen zehn. Ich lag unter meiner Bettdecke und hab noch heimlich ein paar Comics weggeschmökert, als auf einmal diese unheimlichen Laute durch unsere Wohnung schallten. Klar hab ich da ein wenig Angst bekommen. Natürlich bin ich kein Schisshase, ich bin Action Andy, aber die Geräusche waren wirklich bestialisch. Vielleicht ein wenig wie die erstickenden Schreie kleiner Katzenbabys, denen man langsam den Hals umdreht. Bin dann aufgestanden, um mal zu schauen, was da los ist. Die Schreie kamen aus dem Zimmer meiner Eltern. »Mutter«, fragte ich leise. »Mutter, bist du das?« Aber Mutter antwortete nicht. Nein, die Schreie wurden immer lauter, immer ungestümer. Aber ich bin Action Andy. Und so hab ich allen Mut zusammengenommen und die Tür des Zimmers einen Spalt geöffnet.

Es war schrecklich. Jetzt, am nächsten Morgen, schaue ich aus dem Schulbus auf die leeren Einkaufsstraßen meiner Stadt. Bei dem Wetter schickt man nur uns Kinder auf die Straßen. Die Großen bleiben zu Hause. Sie wärmen sich am Ofen, trinken heiße Schokolade und rauchen teure Zigarren. Nur die Busfahrer, die Fährmänner des Styx, erfreuen sich an den Unwettern des Herbstes. Sie sind die Herbstzeitlosen, Menschen ohne Moral. Mit ihren Bussen jagen sie kleine Tiere und Kinder auf den Straßen und überfahren mit einem Lächeln all die süßen Igel im Sekundentakt. Wir Kinder spüren die Wildkadaver, wenn der Bus über sie hinwegrollt, und können nur weinen, weinen, weinen.

Jedenfalls öffnete ich die Zimmertür meiner Eltern, und da lag sie, meine Mutter. Ihr Gesicht eine Fratze, rot angelaufen, der Mund aufgerissen, die Haare klebten an ihrem verschwitzten Körper. Mutter. Oh nein, dachte ich und wollte schreien, aber kein Ton kam über meine Lippen. Meine Mutter lag unnatürlich verrenkt auf dem Perserteppich vor dem alten Röhrenfernseher. Und auf ihr Papa, der sich in ihren Körper irgendwie unterrum verhakt hatte und ihr dann auch noch immer wieder mit Schwung auf den Popo haute. Bei jedem Schlag erklang wieder das Geräusch der sterbenden Katzenbabys. Ich wollte Mutter helfen, war aber wie versteinert. Was war das? Ich ahnte, dass ich hier etwas sah, was meine Kinderaugen noch nicht begreifen konnten. So viel Gewalt kannte ich noch nicht einmal aus der Schule, und da geben wir es uns auch manchmal richtig. Ich wollte wegrennen, aber ich konnte nicht. Die Katzenbabys schrien immer lauter und lauter. Und dann auf einmal Stille. Es war vorbei. Die nackten Leiber meiner sogenannten Eltern sanken auf den Perserteppich und blieben reglos liegen. Erst ein paar Minuten später trennten sich die geschundenen Körper meiner Ernährer voneinander, und ein riesengroßer Pillemann, der meine Familie, wie ich wusste, auszeichnete, kam zum Vorschein und legte sich zwischen meine sogenannten Eltern auf dem Teppich zur Ruhe. Er war rot und geschwollen.

Der Schulbus biegt um die letzte Straßenecke. Das Unwetter wird immer schlimmer, die Bäume, die schon seit Tagen keine Blätter mehr tragen, schlagen aus und recken sich nach unserem Bus, als ob sie ihn verschlingen wollen. Wie neunschwänzige Katzen schlagen die Äste gegen die Fenster. Die anderen Kinder lachen und spielen. Sie sind so naiv. Der Fotzkopp Jochen fragt, ob er meine Erdkunde-Hausaufgaben abschreiben darf. Ich schaue ihn nur kurz an und sage: »Nein.« Meine Gedanken gehen wieder zurück zur letzten Nacht.

Ich erwachte aus meiner Versteinerung, rannte zurück in mein Kinderzimmer und zog meinen kleinen Koffer unter dem Bett hervor. Nur das Wichtigste wollte ich einpacken und dann raus aus diesem Haus, das vor wenigen Sekunden noch meine Heimstatt gewesen war. Wie konnte ich mich nur so täuschen lassen. Ich öffnete mein Fenster. Schon öfters war ich über den Kirschbaum vor meinem Kinderzimmer nachts abgehauen. Aber diesmal hatte ich kein Glück. Gerade hatte ich den Koffer runter in die Rabatten geschmissen und mich auf die Fensterbank geschwungen, als die Frau, die sich als meine Mutter ausgab, das Licht in meinem Zimmer anschaltete. »Was wird denn das, Freundchen?«, fragte sie. Ich schwieg. Nein, ich schwieg nicht. Ich fing sofort an zu weinen und sagte ihr, dass ich nicht mehr in diesem Haus leben könne. »Mutter, ich habe alles gesehen. Ich weiß, was hier abgeht«, sagte ich. Und sie schaute mich verlogen unschuldig an. »Du brauchst gar nicht so zu gucken. Ich habe dich und dieses Monster gesehen, das ich für meinen Vater hielt. Ihr beide auf dem Teppich. Die Katzenbabys. Diese Gewalt. Willst du das leugnen, Mutter?« Und die Frau, die ich für meine Mutter hielt, schwieg. Sie guckte mich nur an, und dann sagte sie drohend: »Ab ins Bett. Aber sofort, Freundchen. Sonst passiert was.« Und natürlich bekam ich Angst. Was sollte ich denn tun? Und so legte ich mich wieder ins Bett und tat so, als ob ich schlief. Aber ich hab die ganze Nacht kein Auge zugemacht. Nein, ganz sicher nicht. Am nächsten Morgen erzählten mir diese beiden Ungeheuer dann etwas von »schlecht geträumt« und »unruhig geschlafen« und wirre Wörtern, die ich im Halbschlaf erzählt hätte.

Aber die beiden täuschen mich nicht. Gleich heute nach der Schule haue ich ab. Polen vielleicht. Oder Belgien. Dort mögen sie Kinder, hörte ich. Jedenfalls kann ich hier nicht bleiben.

Dann hält unser Bus an und Opfer-Jochen fragt, ob er heute beim Fußball bei mir in der Mannschaft spielen darf. Diese Bitch, denke ich und haue ihm kräftig eins auf die Nase. In dieser Welt voller Gewalt kann nur der Stärkste überleben. Und keine Frage, wer das ist. Ich. Action Andy.

Macht
Sex Spaß?
☐ Ja
☐ Nein
☐ Vielleicht
☐ Weiß nicht

Isabella Renitente

Beim nächsten Mann wird alles anders

Es ist Samstag, 15.35 Uhr. Einer dieser wundervoll trägen, sonnigen Sommertage. Leise bauscht sich die Gardine im Luftzug. Sonnenstrahlen zeichnen Muster auf das Laken. Tröpfchenweise lassen Sie angewärmtes, duftendes Mandelöl auf seinen gebräunten Rücken perlen. Langsam, sehr langsam und hauchzart streichen Ihre öligen Fingerspitzen an der Wirbelsäule entlang, über die Lenden, die Hüften und seine appetitlichen, wohlproportionierten Rundungen. Wie hingegossen liegt er da, wohlig schnurrend. Feine Härchen richten sich schauernd auf. Eine Gänsehaut überzieht ... genau. Den auch.

Sie kennen sich erst seit ein paar Wochen. Den Kopf leicht zur Seite geneigt, saß er da und erzählte, was ihn bedrückt. Volker B. (36), 1,62 Meter groß, Facharzt für Psychiatrie mit einer deutlichen Tendenz zur Adipositas. Ein neuer Mandant in einer Unfallsache. Nichts Weltbewegendes, ein Wald- und Wiesenunfall mit vergleichsweise geringem Flurschaden. Aber auch solche Fälle wollen anwaltlich behandelt werden.

Überraschend und in der Situation auch völlig fehl am Platz meldete sich Ihr Bauchgefühl. Dieses »Oh-ist-das-ein-süßes-Küken-Kitten-Hundebaby-Gefühl«. Dieser leichte Schmerz in der Brust, dieses Ziehen im Unterleib. Diese Augenmuskelgleichgewichtsstörung, die sich in einer Fehlstellung beider Augen zueinander ausdrückt, wenn die Richtungen Ihrer Gesichtslinien beim Betrachten eines Objekts voneinander abweichen. Ach Gott, diese Kopfhaltung. Wie rührend. Das wundervolle, dichte, dunkelbraune Haar, seidig glänzend, wie gerne würden Sie das durch Ihre Finger gleiten lassen. Und diese dunkelbraunen Augen, fast schon violett. Der Mund eine Spur zu schmallippig. Aber der samtige Teint, leicht gebräunt. Und diese entzückende leichte Neigung des Kopfes. Er ist spezialisiert auf Anpassungsstörungen im neurokognitiven Grenzbereich mit geronto-orthopädischem Schwerpunkt. Das würde Sie nicht weiter stören. Und er ist neun Jahre jünger als Sie. Auch das empfinden Sie nicht als Nachteil.

Er ist Einzelkind und der ganze Stolz seiner Eltern. Die lassen ihn in ihrem Zweitreihenhaus wohnen, mit Stellplatz und Garten. Im Gegenzug zahlt er eine geringe Miete, mäht den Rasen und wässert die Rabatten. Und am Sonntag fährt er zum Essen »nach Hause«. Jedes Wochenende. Er versteht sich gut mit seinem alten Herrn. Und mit seiner Mutter, der er wie aus dem Gesicht geschnitten ähnelt.

Sie lassen einen Schluck Champagner auf seine Kniekehlen, seine Oberschenkel perlen. Mit kundigen Fingern bearbeiten Sie seine rückwärtigen erogenen Zonen. Ganz vorsichtig ziehen Sie Ihre Krallen über seine aufgeheizte Gänsehaut. Kitzeln hier ein bisschen, kneten dort. Wohliges Stöhnen bei allen Beteiligten.

Da fällt mit einem lauten Knall unten eine Tür ins Schloss. Schritte auf den Fliesen in der Diele. Klappern von Glasflaschen. Rascheln von Plastiktüten. Dann knarrt eine Treppenstufe, wie immer die fünfte von unten. Hölle und Verdammnis, ein Einbrecher ist im Haus. Sie beide nackt und mandelölig im Bett, Ihre Frisur, Ihr Make-up ruiniert, und ein Einbrecher im Haus. Entsetzt starren Sie ihn an. Peinlich berührt starrt er zurück.

Das sei seine Mutter, meint er. Die bringt die Einkäufe und die gebügelte Wäsche. Wenn die ihn jetzt so sieht, nicht auszudenken, wenn die denkt, er hat jetzt Sex. Jedenfalls beinahe. Um diese Uhrzeit. Und die Nachbarn mähen Rasen und rüsten zum Grillen.

»Die hat einen Zweitschlüssel?«
»Die hat einen Zweitschlüssel.«
»Und die betritt einfach so das Haus? Ohne zu schellen?«
»Das ist *ihr* Haus.«
»Die geht hier einfach so ein und aus?«
»Das ist ihr Haus.«
»Und was macht sie jetzt auf der Treppe?«
»Sie bringt die Bügelwäsche.«
»Sie bringt die Bügelwäsche?«
»Sie bringt die Bügelwäsche!«
»Die gebügelte Wäsche wird sie doch sicher unten im Wohnzimmer ablegen.«
»Die Hemden hängt sie lieber in den Schlafzimmerschrank. Dann sieht sie auch gleich nach, ob noch Wäsche da ist, die gewaschen werden muss. Oder ob irgendwo ein Knopf fehlt.«
»In den Schlafzimmerschrank? Sie hängt die gebügelten Hemden in den Schlafzimmerschrank?«
»Sonst knittern die ja gleich wieder.«

Haben Sie schon einmal versucht, innerhalb von fünf Sekunden aus dem Bett zu springen, ohne auf dem Bettvorleger auszurutschen und sich die Gräten zu brechen, einen sperrigen Bügel-BH anzulegen, ein eng anliegendes Sommerkleid über mandelölige Haut zu streifen, die Frisur aufzuschütteln, die verschmierte Wimperntusche unter den Augen wegzuwischen, das Laken glattzuziehen, mit dem Fuß Ihre restlichen Dessous unter das Bett zu schieben und den Nachttisch aufzuräumen?

Und? In welcher Laune waren Sie danach?

Aha!

Ihre Beziehung zu Volker B. (36) überlebt die wiederholten unangemeldeten Besuche seiner Frau Mutter auf Dauer nicht.

Im November zieht Sir Henry bei Ihnen ein, ein halbstarker britischer Kuhkater mit dem ausladenden Gang eines Cowboys, der neununddreißig Stunden im Sattel gesessen und nicht geduscht hat. Der ist fertig mit seiner dicken Mutter. Und der gibt auch nicht seine Wäsche zum Bügeln außer Haus.

Ihre Checkliste »Neuer Mann, was nun?« erweitern Sie vorsorglich um folgende Punkte:

Wer hat noch einen Schlüssel zur Wohnung/zum Haus?

Wer bügelt die Wäsche?

Lebt die Mutter noch?

Ist die Abnabelung von Mutter, Großmutter, Schwester, Cousine, Tante bereits abgeschlossen oder zumindest in einem fortgeschrittenen Stadium?

Wann kommt die Mutter, die Großmutter, die Schwester, die Cousine, die Tante zu Besuch, und meldet sie sich vorher an?

Beim nächsten Mann wird alles anders.

Im Januar besuchen Sie in Bienenbüttel einen Fachanwaltslehrgang. Neben Ihnen sitzt Klaus M., ein Anwaltskollege. Den Kopf leicht zur Seite geneigt, die rechte Hand am markanten Kinn, erzählt er von dem Buch, das er gerade liest und über das er sich köstlich amüsiert. Überraschend und in der Situation auch völlig fehl am Platz meldet sich Ihr »Oh-ist-das-ein-süßes-Küken-Kitten-Hundebaby-Gefühl«, dieser leichte Schmerz in der Brust, dieses Ziehen im Unterleib. Diese Augenmuskelgleichgewichtsstörung, die sich in einer Fehlstellung beider Augen zueinander ausdrückt, wenn die Richtungen Ihrer Gesichtslinien beim Betrachten eines Objekts voneinander abweichen. Ach Gott, ist der süß! Das wundervolle, dichte, von der Sonne ausgebleichte Blondhaar, wie gerne würden Sie das durch Ihre Finger gleiten lassen. Und diese himmelblauen Augen. Der samtige Teint, leicht gebräunt. Und diese entzückende leichte Neigung des Kopfes.

Klaus M. ist groß, schlank, sportlich und drei Jahre älter als Sie. Seine Mutter lebt in Husum und reist nicht mehr gern. Die Bügelwäsche erledigt er selbst. Und einen Schlüssel zu seiner Wohnung hat nur er. Trotzdem locken Sie ihn rein vorsorglich lieber zunächst in Ihre eigene Wohnung.

Es ist Samstag, 14.59 Uhr, ein klirrend kalter, sonniger Spätwintertag. Der gusseiserne Bioethanolkamin verbreitet wohlige Wärme. Sonnenstrahlen zeichnen Muster auf das Laken. Tröpfchenweise lassen Sie angewärmtes, duftendes Mandelöl auf seinen gebräunten Rücken perlen. Wie hingegossen liegt er da, wohlig schnurrend. Genießerisch zeichnen Sie mit mandelöligen Fingern seine appetitlichen Rundungen nach.

Da fällt mit einem lauten Knall die Schlafzimmertür ins Schloss. Leise kratzende Schritte auf dem Laminat. Sie spüren bohrende Blicke in Ihrem Rücken, mit jeder Faser Ihres Körpers fühlen Sie Blicke in Ihrem Rücken. Keine Frage, Sie sind nicht allein im Raum. Sie sind mindestens zu dritt. *Ihre* Mutter kann es nicht sein. Die sitzt in einer Seniorenresidenz ein. *Seine* Mutter kann es nicht sein. Die bügelt in Husum. Der Vermieter ist zur Kur, er hat auch keinen Zweitschlüssel.

Ein Einbrecher? Hölle und Verdammnis, ein Einbrecher ist im Haus! Sie beide nackt und mandelölig im Bett, Ihre Frisur, Ihr Make-up ruiniert, und ein Einbrecher im Haus! Entsetzt starren Sie ihn an. Peinlich berührt starrt er zurück.

Was der Kater im Schlafzimmer zu suchen hat, will er dann wissen. Sitzt vor dem Bett und hypnotisiert ihn. Vorwurfsvoll. So vorwurfsvoll. Also, wenn der ihn so anstarrt, dann kann er nicht, beim besten Willen, dann kann er nicht. Und er kann auch nicht, wenn der Kater vor der verschlossenen Schlafzimmertür sitzt und Arien singt oder an der Tür kratzt. Jetzt springt der Kerl doch glatt ins ... hey! Nicht ins Bett! Und nicht auf die Herrenjeans pinkeln! Hey, nicht auf die nagelneuen Jeans pinkeln!

Ihre Beziehung zu Klaus M. überlebt die Präsenz und das Kontrollbedürfnis Ihres Katers auf Dauer nicht.

Im Oktober zieht Lady Amelie Rednose bei Ihnen ein. Den Kopf leicht zur Seite geneigt schaut sie den Kater mit großen Augen an. Der Kater ist begeistert. Ohren und Barthaare nach vorn, Augenmuskelgleichgewichtsstörung. Flattern im Bauch. Halleluja, ist die entzückend. Diese zauberhafte Neigung des Köpfchens. Und wie die riecht! Nein, wie die aber auch riecht! Der Kater ist schon ganz kirre. Das wundervolle, dichte, rotgestreifte Fell, seidig glänzend, wie gerne würde er das durch seine Pfoten gleiten lassen.

Und ob Sie immer dabei sein müssen. Also, das findet er jetzt ziemlich störend, wirklich ziemlich störend.

> Macht Sex Spaß?
> ☐ Ja
> ☐ Nein
> ☐ Vielleicht
> ☐ Weiß nicht

Heiko Werning

Zelten an der Müritz

Ich habe immer schon ein Faible für irgendwie alternativ-ökologisch-feministische Frauen gehabt. Ich weiß nicht warum, ich kam nie los davon. Vor allem zwei Dinge haben mir das Leben dabei regelmäßig schwer gemacht: zum Ersten das Grunddilemma der zwischengeschlechtlichen Annäherung in diesem Milieu. Denn wie schafft man es, sich an eine Frau heranzumachen, letztlich dann ja doch irgendwie, um Sex mit ihr zu haben, dabei aber andererseits permanent den Eindruck zu erwecken, sie keineswegs auf das Sexuelle zu reduzieren, denn das wäre ja sexistisch. Dabei hingen die meisten Frauen dieser Szene ja keineswegs strikten Moralvorstellungen oder romantischer Verklärung nach, sondern nahmen im Gegenteil für sich in Anspruch, »ihre Sexualität voll auszuleben«, wie es höchst unerotisch hieß, sprich: Sie wollten letztlich auch einfach nur vögeln, aber wenn überhaupt mit Männern, dann nur mit solchen, die sie nicht einfach nur vögeln wollten. Es ist mir nie gelungen, dieses Problem vollständig aufzulösen. Der zweite große Nachteil an solchen Frauen: Sie wollen immerzu zelten. Pensionen oder Hotels halten sie für spießig, außerdem ist Zelten so natürlich, so erdverbunden, so ... – »Arschkalt ist es!«, gab ich zu bedenken, als Ulrike vorschlug, ein Wochenende im Mai an der Müritz zu campen. Sie sah mich empört an. Verdammt, ich fand sie wirklich interessant, es sah gar nicht schlecht aus mit uns, und jetzt kam sie mit dieser elenden Campingnummer. Ein Scheiß. Und das am womöglich neuralgischen Punkt unseres Verhältnisses, irgendwie musste allmählich was passieren, sonst wäre es am Ende noch auf eine dieser »Gute Freunde«-Geschichten hinausgelaufen. Das ist nämlich das Problem bei der zwischengeschlechtlichen Annäherung, ohne ein sexuelles Interesse in den Vordergrund zu stellen. Ganz schnell ist man über den richtigen Punkt hinweg, und dann ist Sex plötzlich wirklich kein Thema mehr, dann hat man eine gute Freundin. Ich aber hatte schon einen ganzen Haufen guter Freundinnen. Ich brauchte nicht noch eine. Ich hatte schon mehr gute Freundinnen, mit denen ich über alles reden konnte, als Zeit, um mit jeder auch nur über das Wichtigste zu sprechen, geschweige denn über alles. Abgesehen davon war »alles« auch eine im Grunde lächerliche Lüge, denn während sie mir, wie mir schien, tatsächlich alles erzählten, am liebsten über ihr irgendwie gerade immer verkorkstes Liebesleben, konnte ich natürlich das Entscheidende gerade nicht sagen, nämlich dass, meiner bescheidenen Meinung nach, ich die Lösung dafür wäre.

Gut, also auf zum Zelten. Im Grunde war die Gelegenheit natürlich auch ideal: zwei Nächte gemeinsam auf engstem Raum, eigentlich ja Romantik pur. Und es ging sich auch ganz gut an. Der Zeltplatz war wirklich schön, direkt am See, etwas abseits der Straße. Man kam nur zu Fuß her, was Dauercamper und Familien auf sichere Distanz hielt. Gut, man musste in Kauf nehmen, dass sich abends verschiedene Lagerfeuer bildeten, und zu jedem Feuer gab es auch immer mindestens eine Gitarre, und was wir da zu hören bekamen, war nicht alles schön, und manches erinnerte mich an die vergangenen Jungchristentraumata; wir aber machten es uns vor unserem Zelt gemütlich, tranken Rotwein und kamen uns näher. Bis irgendwann die Gitarren verstummten und der Schein der Feuer dem des Sternenhimmels Platz machte, wir bestaunten die Milchstraße, die so anders aussah als daheim in Berlin, dann sagte sie, sie sei jetzt müde und wolle ins Bett. Ich schluckte. Hatte ich den Punkt schon wieder verpasst? Oder kam er jetzt erst? Ich war unschlüssig. Einerseits wollte ich nichts falsch machen. Wir hatten ja zwei Nächte. Zwei Nächte, von denen ich zwar sehr präzise Vorstellungen hatte, wie ich sie gerne verbringen würde, aber wenn ihre Interessenlage doch anders lag, dann, da war ich mir sicher, dann könnten diese Nächte auch zur Hölle werden, wenn es einmal ausgesprochen war. Im günstigsten Fall würde sie am nächsten Morgen erbost und »menschlich tief enttäuscht« zurückfahren, wahrscheinlicher aber würden wir »über alles sprechen«, sie wäre sehr mitleidig und einfühlsam und bemüht, mich nicht zu kränken, und ich wäre zu feige, einfach abzuhauen, weil ich mich nicht trauen würde, ihr zu sagen, dass ich doch eigentlich nur Sex mit ihr gewollt hatte, weshalb sie denn glaube, warum ich mit auf diesen beschissenen Campingplatz gekommen sei? Nein, diese Situation galt es unbedingt zu vermeiden. Ein Zeichen von ihr, und ich wäre aufs Ganze gegangen, aber so sehr ich auf alles achtete – es gab einfach kein Zeichen. Sie legte sich in ihren Schlafsack und schien sofort einzuschlafen. Vielleicht wartete sie einfach nur darauf, dass ich ... ein leises, aber doch hinreichend deutliches Schnarchen ließ mich diese Theorie wieder verwerfen. Unruhig wälzte ich mich auf meiner Isomatte hin und her, der blöde Schlafsack war viel zu eng, und in meinem Rücken war eine Monsterwurzel von einem uralten Prachtbaum, der das alles hier schon Hunderte Male unter seinen ausladenden Ästen gesehen hatte, junge Paare kamen und gingen unter ihm ein und aus, natürlich, das war vor fünfhundert Jahren auch schon so, ihm brauchte man da nichts erzählen, gelangweilt bohrte er seine Wurzel in meine Nieren. Ich schlief schlecht.

Der Samstag verging dann so einigermaßen, schönstes Frühlingswetter versöhnte mich wieder mit der Welt, und wir hatten die entscheidende Nacht ja noch vor uns.

Wieder verlief alles angenehm, wir unterhielten uns, wir saßen eng beieinander, wir ließen uns den Wein schmecken – als plötzlich eindeutiges Gestöhne aus dem Nachbarzelt drang. Das brachte meine Strategie doch irgendwie durcheinander. Was sollte ich tun? Ignorieren? Ulrike kicherte ein wenig, wirkte aber ebenfalls verunsichert. Was um Himmels Willen sollte jetzt geschehen? Sollte ich etwas sagen wie: »Gute Idee, oder? Wollen wir nicht auch?« Vielleicht nicht so richtig romantisch, schien mir. Oder sollte ich, wie wenn man auf einen weit entfernt singenden Vogel hinweist, der schon seit Jahren auf der Roten Liste steht, etwas säuseln wie: »Da! Hörst du es auch?« Völlig zu Recht müsste sie antworten: »Ich bin doch nicht volltaub, du Depp!«, denn nebenan schrie es inzwischen recht lautstark. Verlegen schauten wir uns im Mondenlicht an, dann das benachbarte Zelt, ein winziges Einpersonenzelt mit offensichtlicher Überbelegung. Es war regelrecht zum Leben erwacht, immer wieder wölbte es sich an der ein oder anderen Stelle schlagartig aus, wir hätten raten können, welche der Beulen für Beine, Arme oder Köpfe standen, fast hätte man fürchten können, dass die Heringe der Belastung nicht standhalten würden, und sie standen dicht am Wasser, es stöhnte und keuchte und öffelte. Allmählich erholten wir uns von der Überraschung. Ulrikes zunächst eher verstörtes Grinsen wich einem verschwörerisch-verführerischen Lächeln. Das war der Punkt! Diesmal war ich mir sicher. Auch ich lächelte vielsagend, sie schüttete mir noch etwas Wein in den Plastikbecher, rückte näher zu mir, wir wollten gerade anstoßen, da brüllte es plötzlich aus einem anderen Zelt: »Ey, verdammte Scheiße, könnt ihr nicht mal leiser ficken?!« Ich zuckte zusammen. Hatte die romantisch-flirrende Stimmung womöglich leichten Schaden genommen? Wir sahen uns kurz unsicher an, dann aber lachten wir und setzten zum Kuss an, da brüllte es aus dem Zelt des lautstarken Liebespaares: »Was willst du denn, du Spießer, wir können ja wohl ficken, so viel wir wollen.« Wir duckten uns, das Paroli ließ nicht lange auf sich warten: »Andere wollen hier schlafen, ihr Wichser!« »Was heißt denn hier Wichser? Das bist ja wohl eher du! Wir ficken hier schließlich!« Jetzt mischte sich die Fickerin ein: »Ist ja wohl dein Problem, wenn du keine abgekriegt hast!« »Was heißt denn hier keine abgekriegt! Ehe ich eine wie dich ficke, mache ich's mir lieber selbst!«, brüllte der Wichser, und jetzt schalteten sich auch die anderen umstehenden Zelte ein: »Ey, könnt ihr mal ruhig sein!«, »Wir kommen da gleich mal rüber.«, »Euch besorg ich's gleich mal richtig!« So ging das noch eine ganze Weile. Wir krochen ins Zelt. Mein Verdacht schien sich zu bestätigen: Irgendwie hatte die erotische Stimmung gelitten. Ulrike verkroch sich in ihren Schlafsack, murmelte etwas wie: »Ist ja doch noch ganz schön kühl nachts«, und zog den Reißverschluss bis zum Anschlag hoch, nachdem sie die Kapuze ganz fest um ihren Kopf gebunden hatte. So lag sie da, ein menschlicher Castorbehälter, während es draußen noch murrte und schimpfte und pöbelte. Ich gab auf. Bereitwillig ließ ich mir die Wurzel des Baums in den Rücken bohren. An Schlaf war nicht zu denken. Im ersten Morgengrauen kroch ich aus dem Zelt und machte mir fröstelnd einen Kaffee.

Wir wurden gute Freunde, Ulrike und ich. Wir konnten über fast alles reden. Nur über diese Nacht an der Müritz, da schweigen wir. Bis heute.

> Macht Sex Spaß?
> ☐ Ja
> ☐ Nein
> ☐ Vielleicht
> ☐ Weiß nicht

Gerlis Zillgens

Nach(t)bar

Der Tag war fantastisch. Schon der Morgen. Der Wecker ein Sonnenstrahl. Nach sieben Tagen Dauerregen. Frühstück im Café mit den besten Croissants der Stadt. Gebracht von einem neuen Kellner. Mit Muskeln. Genau richtige Muskeln. Keine aufgeblähten. Keine Bonsais.

Am Nachmittag das Kleid mit den Spaghettiträgern, das heute Mittag heruntergesetzt wurde auf ein Viertel meines Monatsgehalts, noch einmal um ein weiteres Achtel heruntergehandelt. Gewagtes Kleid. Tiefer Ausschnitt. Hinten. Vorne auch. Genau richtig für den Abend.

Seit fünfeinhalb Monaten kein Mann mehr in meinem Bett. Heute einer in meinem Bett. Gleich entdeckt, als ich in den Club kam. Einer der Sorte »Leicht zu haben, aber schwer rumzukriegen«. Einer der Sorte »Ich strahle etwas Besonderes aus, auch wenn ich nichts Besonderes bin«. Einer, der sich gut anzieht. Einer, der gut riecht. Einer, der wenig denkt. Keiner, der morgen denkt, es könnte ein Übermorgen geben. Also genau richtig für diese Nacht.

Ich habe aufgepasst mit Alkohol. Nicht wie letztes Jahr Silvester, als alles ähnlich perfekt war. Und ich vor der Tür des Clubs lang hingeschlagen bin. Und einen Zahn weniger hatte. Mit dem Mann in die Notaufnahme. Dauerte lange in der Notaufnahme. »Ein wirklicher Notfall unmittelbar vor Ihnen«, sagte der Arzt nach einer Stunde. »Schwerer Unfall unmittelbar vor Ihnen«, erklärte die Schwester nach zwei Stunden. »Ich geh dann mal«, entschied der Mann nach drei Stunden.

Heute ein Glückstag. Um zwölf hat der Mann den zweiten Cocktail bezahlt. Um eins den dritten in einem anderen Club, kleiner, intimer, gedämpftes Rotlicht. Der Mann erzählt aus seinem Leben. Für mich müsste es nicht sein. Das Leben eines Handelsvertreters in leitender Stellung ist nicht sehr erregend. Seine Muskeln schon. Seine Hände auch. Während ich nicht zuhöre, denke ich an den Rest der Nacht. Auch erregend. Um halb drei nehme ich im Taxi seine Hand. Er drückt meine sanft. Er sieht mich an. Ein Lächeln umspielt seine Mundwinkel. Er weiß, was ihn erwartet.

Der Prosecco ist genau richtig kalt. Das Licht perfekt. Das Bett frisch bezogen. Der Mann zieht mich an sich und legt zart seine Hand auf meine Brust. »Dreckige Sau!«, dringt durch das offene Fenster in den Raum. Der Mann nimmt irritiert seine Hand von meiner Brust. »Widerliche Drecksau!«, schreit es, und es scheint an der Zeit, ein paar Dinge klarzustellen.

Ich habe einen neuen Nachbarn. Wir teilen unsere Schlafzimmerwand. Mein neuer Nachbar ist überaus zuvorkommend, er hält mir immer die Haustüre auf, er wünscht mir täglich einen schönen Morgen, einen wunderbaren Tag, eine gute Nacht. Mein neuer Nachbar hört keine laute Musik, er wirft keine Werbebroschüren in den Hausflur, er putzt einmal die Woche sorgfältiger die Treppe als sie jemals vorher geputzt wurde. Mein neuer Nachbar ist ein wunderbarer Mensch. Mit einem Problem. Mein neuer Nachbar leidet unter dem Tourette-Syndrom.

Tourette ist eine neuropsychiatrische Erkrankung, die durch Tics charakterisiert ist. Einer davon kann das zwanghafte Aussprechen sozial tabuisierter Wörter beziehungsweise Obszönitäten sein. Auf Deutsch: Sie können ziemlich unangenehmes Zeugs durch die Gegend brüllen.

»Aha«, sagt der Mann, der zum ersten Mal in meiner Wohnung ist und zum zweiten Mal die Hand auf meine Brust legt, »alles klar«. Ich entspanne. Als der Mann das Spaghettiträgerkleid über meinen Kopf zieht, beschließt mein neuer Nachbar, sein Fenster zu öffnen. Ich höre das Geräusch des Hebels, ich erkenne das Quietschen der Scharniere. Ich ahne, es wird nicht gut gehen.

»Ficken, Ficken, Ficken!«, tönt es jetzt so laut, als stünde mein neuer Nachbar direkt neben dem Bett. Der Mann in meinem Bett lacht verkrampft und nickt verständig: »Tourette, sagtest du, nicht wahr, es heißt Tourette, ist ja doch ein bisschen gewöhnungsbedürftig, dein Tourette.« Ich verzichte darauf, ihn darauf aufmerksam zu machen, dass es nicht *mein* Tourette ist. Wichtiger scheint, dass es nicht nur ein bisschen gewöhnungsbedürftig ist, sondern offensichtlich *sehr* gewöhnungsbedürftig. Teile des Mannes scheinen es sogar unmöglich zu finden, sich daran zu gewöhnen. Obwohl sie sich sichtlich bemühen. Als wir aller Kleidungsstücke entledigt sind und ich nur das schwere Atmen meines Nachbarn am Fenster ungefähr drei Meter von meinem Bett entfernt höre, scheint es einen Moment der Entspannung zu geben. Oder Spannung. Je nachdem. Ein kurzer Moment der Hoffnung, dass sich der komplette Mann in meinem Bett an meinen neuen Nachbarn gewöhnen könnte.

»Wichs dich selbst, alte Sau!« lässt die Hoffnung schlagartig schrumpfen. Dabei war es durchaus eine wohlgeformte Hoffnung. Eine gerade gewachsene, mittelgroße, vielversprechende Hoffnung. Eine Hoffnung, die unter Umständen sogar eine zweite Nacht getragen hätte. Aber diese Hoffnung trägt auch in der ersten Nacht nichts mehr. Ein »Verpiss dich, du Drecksau!« ist schon gar nicht mehr nötig.

»Ich ruf dich an«, sagt der Mann, dessen Hoffnung schon wieder wohlverpackt ruht. »Mach das«, sag ich, als die Wohnungstür schon ins Schloss fällt.

Die nächsten vierzehn Tage unterlasse ich jeden weiteren Versuch, eine neue real existierende Hoffnung zu finden. Ich verbringe die Abende und Nächte alleine in meiner Wohnung. Klare Nächte. Warme Nächte. Bei geöffnetem Fenster.

Erst am fünfzehnten Tag gehe ich wieder mit einem Mann essen. Und danach in eine Bar. Und dann nehme ich ihn mit nach Hause. Der Mann berechtigt zu den allergrößten Hoffnungen. Und nebenan bleibt alles still.

Vor zwei Monaten habe ich den Mann geheiratet. Wir sind sehr glücklich. Mein Mann ist wunderbar. Er ist das beste, was mir passieren konnte. Wir haben nur ein Problem. Unsere Nachbarn mögen meinen Mann nicht. Mein Mann hat das Tourette-Syndrom.

Macht Sex Spaß?
☐ Ja
☐ Nein
☐ Vielleicht
☐ Weiß nicht

VI. Brauche ich dazu etwa Fantasie?

Sebastian Lehmann

Freud

Ich wache auf. Ich hatte einen seltsamen Traum.

Ich habe geträumt, dass ich bei Aldi in der Schlange stehe. Sonst nichts. Einfach anstehen. Nichts Psychedelisches, nichts Surreales. Andere Menschen träumen, wie sie die Welt zusammen mit James Bond und Angelina Jolie retten, indem sie einen verrückten Gangster mit einer Atomrakete in die Luft sprengen, und danach mit Angelina oder Daniel Craig Sex haben – oder gleich mit beiden, wenn sie besonders interessante Menschen sind. Ich dagegen träume, dass ich bei Aldi in der Schlange stehe. Schon wie ich so im Traum in der Schlange stehe, denke ich, dass das doch ziemlich mies ist von meinem Unterbewusstsein, auch noch in der Nacht die langweiligsten Tätigkeiten überhaupt in meinem Gehirn abzuspulen. Besonders gemein war, dass ich aufgewacht bin, bevor ich an der Reihe war.

»Aber was bedeutet das?«, frage ich mich. Das muss doch etwas bedeuten, weil alle Träume etwas bedeuten, hat Freud gesagt. Ich gehe also zu meinem Psychoanalytiker, lege mich auf seine gemütliche Couch und erzähle ihm meinen Aldi-Traum.

Er blickt mich lange mit seinen flinken Augen an und kratzt sich an seinem grau-braunen Bart. Dann sagt er: »Herr Lehmann, es ist völlig klar, was dieser Traum zu bedeuten hat.« Ich schaue ihn gespannt an. »Es bedeutet, dass Sie Sex haben wollen.« Er lässt eine Kunstpause. »Mit Ihrer Schwester.«

»Aber ich habe doch gar keine Schwester«, gebe ich zu bedenken.

»Unsere Zeit ist um«, sagt der Analytiker.

Frustriert gehe ich nach Hause. Ich kann kaum den Abend erwarten, weil ich wissen will, was ich als Nächstes träume und ob sich der Verdacht meines Analytikers bestätigt. An diesem Abend gehe ich besonders früh ins Bett und beginne auch sofort zu träumen.

Ich wache auf.

Ich habe die Ergebnisse der nächsten Bundestagswahl geträumt. Leider kann ich mich an die für meine politische Präferenz sehr schlechten Prozentzahlen erinnern: CDU 41, SPD 28, FDP 4, Linke unter 10, Grüne 16, Piraten 6. Blöderweise habe ich nur die Prognose von 18 Uhr geträumt und bin vor der ersten Hochrechnung aufgewacht.

Sofort gehe ich wieder zu meinem Analytiker und schildere ihm meinen Traum.

Er kratzt sich am Bart, schaut seine Notizen an und sagt dann: »Das überrascht mich jetzt.«

Er hält inne und denkt wieder lange nach. Ich überlege währenddessen, ob ich die Prozentzahlen vielleicht als Lottozahlen verwenden sollte, damit sie wenigstens irgendwas Gutes haben. Da sagt der Arzt: »Es ist nicht Ihre Schwester. Es ist Ihre ... Cousine mütterlicherseits.«

Ich blicke ihn schockiert an und muss an meine einzige, sehr hässliche Cousine Friederike denken. Da fällt mir ein, dass Friederike ja aus der väterlichen Familie kommt. Ich atme auf und sage: »Aber ...«

»Unsere Zeit ist um«, sagt der Analytiker.

Noch ratloser gehe ich nach Hause. Ich warte erst gar nicht den Abend ab, sondern lege mich sofort ins Bett, um mit einem neuen Traum endlich zu klären, mit wem ich Sex haben will.

Ich wache auf.

Ich habe geträumt, dass ich mit meiner Freundin auf einer einsamen Insel gestrandet bin. Weiß schimmert der Strand und klar das Wasser der blauen Lagune. Es ist ganz einsam und ruhig. Wir sind nackt. Einzig eine Packung noch intakter Billy-Boy-Kondome Geschmacksrichtung Himbeer-Aloe-Vera wurde mit uns angespült. Ich sehe meine Freundin an, wir gehen aufeinander zu. Dann bin ich leider aufgewacht.

Am nächsten Tag gehe ich wieder zu meinem Psychoanalytiker und erzähle ihm wieder meinen Traum.

Als ich fertig bin, hält es ihn nicht mehr in seinem bequemen Ohrensessel. Er springt auf und ruft: »Nein! Unmöglich. Ich hätte es gleich wissen müssen: Es hat nichts mit Ihrer Schwester oder Ihrer Cousine zu tun.«

»Aber was soll es dann heißen?«, rufe ich.

Mein Analytiker setzt sich wieder hin. »Es heißt, dass Sie ein unglaublich langweiliges Leben haben. Sie träumen jetzt schon die dritte Nacht in Folge, dass Sie beim Analytiker sitzen und Ihre Träume analysieren. Langweiliger geht's ja wohl nicht mehr.«

»Was für eine langweilige Pointe für eine Geschichte«, sage ich. »Alles war nur ein Traum.«

»Sag ich doch, langweilig«, gibt der Analytiker zurück und verschwindet.

Traurig gehe ich nach Hause. Zu Hause steht Angelina Jolie nackt vor meinem Bett und lächelt mich sexhungrig an, dabei hält sie eine Packung Himbeer-Aloe-Vera-Kondome in der Hand.

»Hau bloß ab, jetzt ist es auch zu spät«, rufe ich. Enttäuscht zieht sie sich wieder an und geht nach Hause. Angelina Jolie, denke ich, so 'ne scheißlangweilige Sexfantasie.

Dann wache ich endlich auf.

Macht Sex Spaß?
☐ Ja
☐ Nein
☐ Vielleicht
☐ Weiß nicht

Jan Gympel

Zeit bis halb sechs

War das eine Sau. Genau die Sorte, auf die ich steh: Denen man's nicht gleich anmerkt. Auch nicht ihre Geilheit. Nicht mehr jung. Über dreißig. Vermutlich gebunden. Die sind dann besonders leicht zu haben. Brauchen mal Abwechslung. Hab ich gleich gescannt, den Typen. Groß, athletisch, noch gut in Form. Breite Schultern, hübscher Hintern, stramme Waden. Ein Glück, dass es jetzt so warm ist. Da sind die Daddies außerdem besonders rollig. Lecker behaart alles. Auch die sexy Unterarme – kräftig und definiert. Dreitagebart. Blond wie sein Kopf. Aber mit Stirnglatze. Wirkt geil männlich. Hat ziemlich schnell mitgekriegt, wie ich um ihn herumscharwenzelt bin in dem Supermarkt. Ihn beobachtet hab, mal mehr, mal weniger auffällig. Darauf geachtet hab, dass ich gleich hinter ihm an die Kasse komm. Kurzer Flirt. Ob die Kassentussi was gemerkt hat? Egal. Hätt ihn ja gleich dort ansprechen können. Oder beim Einpacken. Hab ihn aber erst mal zum Parkplatz gehen lassen. Wo er seine Sachen ganz langsam verstaut hat. Erst noch so getan, als müsst er den halben Kofferraum ausmisten. Hab ihn von oben bis unten taxiert. Er hat gleich verstanden. Ist zu mir in den Wagen gestiegen. War ja schon spät, der

Parkplatz leer. Hat gut geknutscht. Richtig gierig, natürlich. So 'n Daddy kriegt ja nicht oft 'nen Kerl. Der sitzt immer zu Hause mit Uschi und muss der die Füße massieren. Hat sich regelrecht festgesaugt an mir. An meinen Lippen. Und dann auch anderswo. Mann, wie wild der war! Und geübt. Hab ich gleich gemerkt. Oh Mann, wie gut der war! Hab noch versucht, es ein bisschen hinauszuzögern, damit er mehr von hat. Aber er war einfach zu gut. Hat 'ne volle Ladung bekommen. Alles brav geschluckt. Und aufgeleckt, was daneben gegangen ist. Hab ihn noch gefragt, ob wir das mal wiederholen wollen. Hat er natürlich gemacht, dass er wegkommt. Bestimmt auch noch mit der Angst, ich könnt mir seine Autonummer aufschreiben. Kenn das ja. Mach das ja nicht zum ersten Mal. Hab auch nur gefragt, um ihn in Panik zu versetzen. Und ihn loszuwerden. Daddies haben immer Angst.

Oder der Typ neulich in der S-Bahn. Sah aus wie 'ne junge Version von diesem Schauspieler, der neulich gestorben ist – wie hieß der noch? Geile Mischung aus sehr jungenhaft und zugleich sehr erwachsen. Sanfte, etwas zu kleine, braune Augen. Hübsches Bubengesicht. Kurze, blonde Haare mit bravem Seitenscheitel. Und dazu einen Body wie ein Zehnkämpfer. Oder Ringer. Ja, sagen wir lieber Ringer. So ein junger, durchtrainierter Hundertkilo-Bulle. Kein bisschen Fett, alles Muskelmasse. Ist mir auf dem Bahnhof noch gar nicht so aufgefallen, wie kräftig er gebaut war. Auch sein Fahrgestell. Da hab ich mehr seine Augen gesehen. Die hübsche Fresse. Wollt an dem Abend eigentlich nicht. Bin extra durch eine andere Tür in die S-Bahn eingestiegen als er. Aber dann ist er zu mir gekommen. Hat sich mir schräg gegenübergesetzt. Da hab ich erst seine kräftigen Schenkel bemerkt. Seine großen, männlichen Hände, breit und prima definiert. Wie sich seine Nippel unter dem T-Shirt abzeichneten, aber kein bisschen Bauchansatz. Hat ganz gleichgültig in die Gegend gestarrt mit seinen sanften, etwas zu kleinen, braunen Augen. So getan, als würd er nicht bemerken, wie ich ihn abcheck. Erst vorsichtig, dann immer dreister. Bubenfresse mit dem Body eines zwanzigjährigen Hengstes. Ringer-Muskelbulle. Hundert Kilo allerfeinsten Jungmännerfleischs. Groß, kräftig, durchtrainiert. Alles Muskelmasse. Der hat's natürlich gebraucht. Aber sowas von dringend. Musst nicht lang seine knackige Kiste vor mir herschwenken. Hat man heut ja nur noch selten. Blöder Schlabberlook, keinen Arsch mehr in der Hose. Haben schnell 'n Eckchen gefunden. Büsche gibt's ja überall. Er war sogar ein, zwei Zentimeter größer als ich. Musst ich ihm gleich klarmachen, wie der Hase läuft. Er ist brav auf die Knie gegangen. Die jungen Typen sind ja heutzutage dermaßen versaut. Der hat das auch nicht zum ersten Mal gemacht. Hat genau gewusst, wie er was bearbeiten muss. Wie er was einsetzen muss. Ja, war der gut. Oh Mann, war der gut! So eine Drecksau. Sah so unschuldig aus. Muttis Liebling. Schwiegermuttis Traum. Schwarm aller Mädchen an der Oberstufe. Ringer-As. Sie rasten aus, wenn er ihnen seinen stramm mit Lycra überzogenen Knackarsch zeigt. Wenn er sein dickes Paket zurechtrückt. Wollen ihn heiraten. Kinder von ihm kriegen. Und dann kniet er da irgendwo im Gebüsch und – am liebsten hätt ich eine ordentliche Ladung in ihn hineingepumpt. Gierschlund, versauter. Aber diese knackige Kiste konnt ich mir nicht entgehen lassen. Hat sich brav vorgebeugt. Mann, so ein zwanzigjähriger Zehnkämpfer, nee: Ringer, das breite Kreuz, sein fester Body, auch an den Hüften, wo ich mich festgehalten hab, ihn festgehalten hab, kein bisschen Fett, alles Muskelmasse, zwei Zentner Muskelmasse, diese knackige Kiste, so 'ne Sau, so 'ne Sau, so 'ne verdammte junge ... –

Wie spät haben wir denn? Kurz nach fünf. Also, bis halb sechs hab ich mindestens Zeit.

Mal sehn, was noch war ... Baumarkt, letzten Sonntag der Spaziergang, die Bahnfahrt, Bücherei, neulich auf dem Straßenfest ... Ach, die beiden! Die waren vielleicht – nee, ich nehm erst mal diesen neuen Burschen aus der Buchhaltung. Ist der überhaupt schon ...? Doch, der hat gerade ausgelernt und wurde übernommen. Für die nächsten sechs Monate. Na ja, danach kann er sich ja seine Miete mit dem Hintern verdienen. Hobby zum Beruf machen, hähä. Blöde Schwuchtel. Wenn ich diese jungen Typen schon seh, die mit so 'nem unförmigen Gestrüpp auf der Rübe rumrennen! Kommen sich unheimlich cool und rebellisch vor, dabei tragen sie die Zotteln bloß so, wie wir sie schon 1979 getragen haben. Na ja, ich ja nicht, aber Dirk. Ja, Dirk! Das erste Knutschen, irgendwo. Er hat so geil nach Zigaretten geschmeckt. Damals waren die Dinger ja noch billig, da konnt man die sich auch mit vierzehn leisten. Oder man hat sie irgendwo geklaut. Enge Hosen. Kurze Hosen. Turnschuhe. Tennissocken. Dirks Locken. Total Verbotenes tun. Schwulsein ist das Letzte. Alles Tunten, Kinderschänder und irgendwelche Lederheinis, die sonstwas miteinander treiben. Aber Dirki ... – sich stundenlang knutschen, gegenseitig die Zungen reinschieben, ihn schmecken, ihn riechen, ihn fühlen ... Zwischendurch mal eine qualmen, wie er mir den Rauch in den Mund geblasen hat, und immer wieder Hand anlegen ...

Wo war ich? Ach ja, das Bürschchen aus der Buchhaltung: Überstunden, wir sind die Letzten, er will was für seine Beförderung tun. Außerdem steht er natürlich auf mich. Hab ich gleich gemerkt. Mach's ihm aber nicht leicht. Wenn schon Farrah-Fawcett-Frisur, dann machst du auch schön die Beine breit. Auf dem Rücken. Und dem Schreibtisch. Ja, so 'n junger Kerl, der sich bereitwillig machen lässt zur ... –

Nee, noch besser: Er bietet sich an. Auch seinen verlängerten Rücken. Aber so einfach kommt er mir nicht davon. Das kann er noch haben, wenn er die Miete verdienen muss. Bei mir heißt es sich hinknien. Und während er zugange ist, greif ich zur Haarschneidemaschine und sorg mal 'n bisschen für Ordnung auf seiner Rübe. Und am ordentlichsten ist natürlich Kahlschlag. Jahahaha.

Viertel sechs.

Das Paar vom Straßenfest war ja wirklich geil. Aber die hatten sich für ihre Glatzen nicht mehr viel abrasieren müssen. Mal so 'n Dreier. Aber was hab ich davon? Ich lass mich nicht ... – Höchstens könnten die betteln, wer darf. Zwei so Typen, vor mir.

Oh nä, das ist mir zu anstrengend. Mir reicht einer. Wie der aus der S-Bahn. Ich könnt ja ... Genau: Der könnt sich mal auf den Küchentisch legen! Und dann schön seine kräftigen Athletenkeulen in die Luft – Macht der bestimmt auch oft auf der Matte. Die Sau. Sexuelle Belästigung, als Sport getarnt. Tatscht alle anderen Jungmuskelbullen aus seinem Team an. Und dann unter der Dusche... Ja, der Typ könnt mein neues Spielzeug werden. Wie nenn ich den denn? Tobi, Basti, Benny oder wie die heutzutage alle heißen. Irgendsowas. Und Daddy aus dem Supermarkt kommt manchmal dazu. Der kann Tim, Tom oder Max dann beglücken, während ich in ihm steck. In wem auch immer. Überhaupt: Der war so arrogant – ich steck den in Strapse! Und schick ihn auf den Strich. Uschi macht zu Hause Kohlrouladen, und er geht für mich anschaffen. Als Transe. Beine braucht er sich nicht zu rasieren, dann ist er bestimmt billiger. Fördert die Nachfrage. Ich verkauf den als Sonderangebot. Und er macht alles, weil er mir hörig ist. Richtig gierig. Ich mach den zur totalen ... –
   Blöde Sau, wie der mich hat abblitzen lassen. Ein Typ findet mich interessant, igittigitt. Als wenn er's nicht gebraucht hätt.

Ach Scheiße, gleich halb sechs, jetzt werd ich nicht mehr fertig! Bestimmt kommen Susi und die Kinder gleich zurück. Na ja, dann bleibt noch was für meine Angetraute. Hoffentlich hat sie nicht wieder Kopfschmerzen. Obwohl: Die hätt ich auch, wenn ich nicht so viel Fantasie besäße.

Sascha Delitzscher

Das Kuschelsex-Syndrom

»Jeder von euch hat einen Wunsch frei«, sprach die Fee zu mir und meiner Freundin Marianne. »So sei es. Du, Sascha, hast dir gewünscht, deine Freundin mal so richtig hart ranzunehmen.«

Ja, ich gebe es zu, ich weiß einfach nicht, was es bedeuten soll, wenn eine Frau mal so richtig hart rangenommen werden möchte. Aber immer wieder treffe ich welche, die sich das von mir wünschen. »Und du, Marianne, hast dir gewünscht, dass dein Mann dich mal so richtig hart rannimmt.«

Das hätte ich kommen sehen müssen, hätte ich mir doch nur die Autorennbahn gewünscht. Die Fee schnippte mit dem Finger und wir landeten daheim im Bett. Wir liebten uns heiß und innig, und dann wie gewünscht brutal und richtig hart und so, mit allem was dazugehört: Mistgabeln und Fackeln, Tierlaute und Lieder über den unaufhaltsamen Siegeszug des Kommunismus. Erschöpft schliefen wir ein. Doch die Fee war eine böse Fee gewesen, am nächsten Morgen konnte sich Marianne nicht bewegen. Der Arzt sprach von zahlreichen Rissen und Brüchen – Kiefer, Becken, Wirbelsäule – und Dysfunktion diverser Schließmuskel. Er verglich den Zustand eines gesunden Menschen mit einer massiven Plattenrüstung, »der ihrer Marianne«, erklärte er, »ist jetzt nur noch ein Bettlaken«.

Zum Glück traf ich ein paar Tage später auf der Parteiversammlung der Berliner Piraten einen emeritierten Dämonologen aus dem Vatikan. Offenbar hatte nur ich ihn bemerkenswert gefunden. Auf Nachfrage beim Diskussionsleiter, wer der Typ in roter Robe sei, mit Glatze und umgedrehtem Pentagramm auf der Stirn, wurde mir erwidert, das sei doch egal, echte Piraten zögen aus Oberflächlichkeiten keine Schlüsse, hier sei erst mal jeder gleich.

Der Dämonologe stellte sich mir später vor als Adalbert, Meister der Metallurgie, und bat mich, dem Heiligen Stuhl nicht zu petzen, dass er jetzt Pirat sei. Als Gegenleistung bot er mir an, seine Kräfte zu nutzen, um Mariannes kaputte Knochen in magisch belebtes Metall zu verwandeln, sodass sie wieder ein ganz normales Leben führen könne. Ob das nicht gefährlich sei, fragte ich, und nicht auch Nebenwirkungen hätte, schließlich wüsste ich gar nicht, wie das funktioniere, doch er fotzelte nur: »Na und!? Von der Pille weißt du doch auch nicht, wie sie funktioniert und lässt sie deine Freundin trotz der Nebenwirkungen nehmen.«

Ich schlug ein. Die Hauptsache war, dass es meiner Geliebten wieder gut ging. Und ich fragte nur zur Sicherheit noch nach, ob Marianne davon schwanger werden könne.

Er heilte Marianne scheinbar vollständig, sie konnte sich an nichts erinnern, und wir freuten uns, dass wir endlich wieder miteinander richtig harten Sex haben konnten. Wie so viele junge Frauen heutzutage war Marianne neuen Ideen gegenüber sehr aufgeschlossen und hatte nichts dagegen, dass bei unserem Beischlaf ab jetzt immer neben dem Bett ein Glatzkopf mit umgedrehtem Pentagramm auf der Stirn lateinische Verse murmelte.

Eine Zeit lang ging das gut. Doch dann kamen die Schuldgefühle, ich war von meinem schlechten Gewissen geplagt, von Sorge um ihr Wohlbefinden, ich verzichtete sogar auf Sex mit ihr. Ein paar Wochen später knickte ich ein und gestand ihr beschämt alles. Marianne war ein gutes Mädchen. Sie hatte Verständnis und war sogar erleichtert, dass mein Bestehen auf Adalberts Anwesenheit beim Liebesspiel kein Zeichen dafür war, dass ich ein Perverser wäre.

Wir versöhnten uns, und schließlich wählte ich Adalberts Nummer zum ersten Mal seit Langem. Der saß gerade in einer Kneipe und besoff sich, weil er gedacht hatte, wir hätten einen anderen Metallurgen gefunden, der es uns besser macht. Er kam postwendend rum und alles war wieder wie früher. Doch kein Glück währt ewig. Unseres war zu Ende an einem Fernsehabend, als Marianne sich zum Finale des ersten Teils der *Twilight*-Saga auf einmal spontan selbst entzündete, sekundenschnell verpuffte und nichts als Asche und ein metallenes Endoskelett hinterließ. Ich war schockiert, saß gelähmt im Fernsehsessel. Und immer noch lief *Twilight*. Adalbert nuschelte etwas von »Nebenwirkungen« und »Das hätte jetzt nicht passieren dürfen« und klang wie mein früherer Chemielehrer. »Immerhin ist sie nicht schwanger geworden.«

Eines Tages klingelte die Polizei und stellte unangenehme Fragen zum Verschwinden Mariannes. Schnell hatte ich vorher noch die Trümmer der metallenen Ersatzteile meiner Ex zwischen meinem alten Lego-Technik versteckt. Ich blieb cool, die Kommissare schöpften keinen Verdacht, liehen sich ein bisschen Lego-Technik für ihre Kinder bei mir aus und schlossen später die Ermittlungen mit der Hypothese, dass Marianne von einem Schleuserring nach Thailand verschleppt worden wäre.

Adalbert war seitdem nicht mehr derselbe. Statt Zaubersprüche rezitierte er nur noch Sitzungsprotokolle der Piraten und tönte, welches der Weiber er dort schon gefickt hätte, während ich dazu masturbierte, einfach um der guten alten Zeiten Willen. Irgendwann ging Adalbert nicht mehr ans Telefon und rief auch nicht mehr zurück.

Als Lektion bleibt nur: Be careful what you wish for, sei vorsichtig, was du dir wünschst. Ich für meinen Teil begnüge mich inzwischen mit Kuschelsex.

Lea Streisand

Romanmädchen

»Weißt du, was das einzige Problem ist bei dem Eugenides?«, sage ich zu Paul.

Wir liegen im Bett und er hört mir nicht zu. Ich bin mal wieder Zwangssingle, weil mein Freund mich mit einem Buch betrügt. Diesmal ist es der neue Roman von Jeffrey Eugenides: »Die Liebeshandlung«, im Original: »The Marriage Plot«. Es geht um drei überspannte Collegeabsolventen, die zu viel gelesen haben und zu viel nachdenken: ein Hippie, ein Popstar und die schöne Spießerin. Großartig!

Eigentlich ist das nämlich mein Buch. Ich habe es von Paul zu Weihnachten bekommen. Nur dass ich eben eine Genießerin bin und Bücher langsam lese. Deshalb lese ich manche Bücher auch einfach nicht, wenn sie mir nicht gefallen. Man muss nicht alles gelesen haben, dafür ist das Leben zu kurz.

Hemingway war, glaub ich, der Erste, den ich sein lassen hab. »Mami, das möchte ich nicht lesen!«, sagte ich zu meiner Mutter, nachdem der dritte Stier tot und immer noch keine Figur aufgetaucht war, die auch nur im Entferntesten einer echten Frau ähnelte. Und meine Mutter sagte: »Musste ja auch nicht!«

Der Zweite war Hermann Hesse, nachdem im dritten Buch genau dasselbe drinstand wie in den ersten beiden: dass er irgendwie mit seiner Mutter schlafen wollte und deshalb mit allem gevögelt hat, was ein Loch hatte, außer mit dem einen Mädchen, das einen Gehfehler hatte.

Wenn Paul isst, sieht es aus, als wolle er seinem Essen wehtun. Genau so liest er auch: Er verschlingt die Bücher.
»Merkst du überhaupt, was du da liest?«, frage ich.
»Psst!«, macht Paul.

Das Erste, was ich von Eugenides gelesen hab, war »Middlesex«, wofür er den Pulitzerpreis gekriegt hat, schönes Buch! Die Wanderung eines Gens durch die amerikanische Geschichte.

Aber ganz ehrlich, ich fand das Neue jetzt ja fast noch besser. Vielleicht weil es ein Buch über Bücher ist und ich Literaturwissenschaftlerin bin. Und Paul ist eben Historiker und fand deshalb das andere besser. Oder weil es ein Liebesroman ist ...

»Es gibt Leute, die sich nie verliebt hätten, wenn sie nicht von der Liebe hätten sprechen hören«, steht auf der allerersten Seite. Es ist ein Zitat von François de La Rochefoucauld, französischer Moralist des 17. Jahrhunderts. Könnte aber auch von Roland Barthes sein, Poststrukturalist des 20. ... Scheißegal.

Fakt ist jedenfalls, dass auch hier die weibliche Hauptfigur – sie heißt Madeleine – psychologisch so dermaßen unstimmig ist wie jede andere von Männern geschriebene weibliche Figur.

Solange ich denken kann, hab ich immer bloß Bücher von Männern gelesen. Meistens ging es um Männer. Die wenigen Frauen in den Büchern waren immer ausnahmslos schön und selbstbewusst, und sie fanden sich auch immer selber total sexy.

Lest mal die Selbstbeschreibung einer weiblichen Figur. Es wird immer irgendwas sein mit: Sie bewunderte ihre prallen Brüste und ihren knackigen Hintern.

Wenn Männer aus der Frauenperspektive schreiben, dann klingt das immer irgendwie nach Wichsfantasie. Man kann richtig lesen, wie der Autor beim Schreiben dachte: »Wenn ich eine Frau wäre, ich würde mir den ganzen Tag an den Titten rumspielen.«

Männer denken, wenn Frauen in den Spiegel gucken, dann tun sie das, weil sie ihre eigene Schönheit bewundern. Das ist totaler Schwachsinn! Wir gucken, um zu überprüfen. Und wir sehen nie die schöne Frau, die ihr seht, wir sehen immer nur Teile des Bildes: Mitesser, Falten, graue Haare, Fettpolster.

Als Teenager hab ich fast so viel gelesen, wie ich ferngesehen habe, und ich hab immer gedacht: »Scheiße, wie soll ich das denn anstellen, dass mich mal einer will? Ich hab ja noch nicht mal Titten!«

Die Madeleine bei Eugenides hat einmal was mit einem Model. Und dann heißt es: »Sie war es gewöhnt, die Schönere zu sein!«

Das ist hirnrissig. Mädchen werden dazu erzogen, auf die Komplimente der Männer zu warten wie Kühe auf die Melkmaschine. Und wenn die Komplimente nicht kommen, dann verlieren sie ihre Existenzberechtigung.

Madeleine kann gar nicht von alleine wissen, dass sie schön ist. So funktioniert das nicht. Es muss ihr gesagt werden. Immer und immer und immer wieder. Die Halbwertzeit von Komplimenten liegt ungefähr bei der von ungekühlten Austern.

Und bei dem langweiligen Sexleben, das sie hat, wird sie es nicht glauben.Oder vielleicht ist es ihr nicht wichtig, weil sie so eine schöne Kindheit hatte und so doll geliebt wurde.

Das Einzige, was diese Madeleine an sich selbst auszusetzen hat, ist ihr »unvollkommener« Arsch. Okay. Zeig mir eine Frau, die ihren Arsch für vollkommen hält. Außer Jennifer Lopez!

»Wieso? Du findest deinen Arsch doch auch super!«, sagt Paul.

»Paul!«, sage ich. »Du hörst mir ja doch zu!«

»Ja«, sagt Paul, »und gestatte mir mal eine Frage: Was würdest du denn machen, wenn du in einen Mann schlüpfen könntest? Na?«

»Mhm«, überlege ich. Dann setze ich mich hin und schreibe: »*Er stand vor dem Spiegel und begutachtete sein markantes Kinn, die stahlblauen Augen, die breite Brust. Schwer wog sein Gemächt in seiner Hand ...*«

Macht
Sex Spaß?
☐ Ja
☐ Nein
☐ Vielleicht
☐ Weiß nicht

Felix Jentsch

Der Arbeitsplatz

Transzendentaler Dialog zwischen einer männlichen und einer unmännlichen Person (UMP). Die UMP eröffnet:

UMP: Ich zeige Ihnen jetzt Ihren neuen Arbeitsplatz, Sie arme Seele. Hallo übrigens!

Er: Hallo ... ich ... tut mir leid, ich habe das Gefühl, gerade aus einem Filmriss erwacht zu sein. Mir fehlt irgendwie ein Stück Erinnerung ... War ich nicht eben noch auf Toilette?

UMP: Sie standen am Waschbecken und haben onaniert.

Er: Ich ... oh je ... Wie es scheint, sind Sie im Bilde ... Herrgott, das ist mir aber peinlich. Wirklich, ich bin kein Perverser. Wissen Sie, es ist nur so, wenn ich mich nicht regelmäßig entlade, bekomme ich so ... na ja ... totale »Gliederschmerzen« sag ich mal, richtig heftig ist das, dann kann ich nicht mehr gehen und sitzen, verstehn Sie?

UMP: Das ist mir einerlei, Sie arme Seele.

Er: Aber mir nicht, wirklich nicht. Bitte denken Sie jetzt nicht sonstwas von mir, ich bin im Grunde ...

UMP: Sie sind tot.

Er: *Was?*

UMP: Sie haben sich offenbar beim Wichsen übernommen. Kommt vor sowas.

Er: Ist das hier nicht das Arbeitsamt Reinickendorf?

UMP: Nein. Da liegt nur noch ihre leere Hülle ... im eigenen Saft... Mhmhihihi.

Er: Das kann doch nicht wahr sein, ojemineh. Das kann doch alles nicht wahr sein ... Gottnocheins, ist mir das peinlich!

UMP: Das wird sogar noch peinlicher. Gleich bricht der Hausmeister die Tür auf. Dann wird man Sie finden, und dann benachrichtigt man Ihre Frau und Ihre ...

Er: Meine Kinder, bloß nicht! Was sollen die von ihrem Vater denken? Hoffentlich belügt man sie. Nein, wie unangenehm mir das ist ... Das kommt alles gerade so plötzlich ...

UMP: Ach, da sind Sie nicht der Erste. Eigentlich kommt's immer unvorbereitet. Gerade bei Ihnen im 21. Jahrhundert stirbt ja kaum noch einer bewusst.

Er: Undundund ... was soll das eigentlich heißen, »Ihr neuer Arbeitsplatz«? Ich denke, ich bin tot.

UMP: Ja, da geht's bei einigen eben erst los mit der Maloche – bei Ihnen zum Beispiel. Sie haben ja nie gearbeitet.

Er: Moment! Ich habe lange studiert!

UMP: Sag ich ja!

Er: Und was soll das bedeuten? Verstehe ich Sie richtig: Bin ich jetzt in der Hölle, ja? Weil ich mir ab und zu mal 'nen Porno angeschaut habe oder was?

UMP: Zweihundertviertausenddreihunderteinunddreißig, um genau zu sein.

Er: Na toll, na toll. Das war klar gewesen, dass ihr hier alle prüde Spießer seid. Aber wissen Sie eins: Ich hab nie einer Fliege etwas zuleide getan!

UMP: Mit jeder »Entladung« gehen fünfzig Millionen potenzielle Mitbürgerlein hopps, wussten Sie das nicht?

Er: Aber das ist doch ... also, das ist doch ... ich will Ihren Chef sprechen, Herrgottnocheins! Das ist doch Schikane. Dann

hätt er mir keine Nudel anpappen soll'n, sag ich mal. Und überhaupt. Wie lange wird denn jetzt meine Höllenpein dauern? Ewig, eventuell?
UMP: Circa! Plus minus sieben Tage. Mhmhihihi.
Er: Haha! Na lachense sich ruhig Ihr'n Ast. Das war klar, das war *so* klar! Verdammte Scheiße noch eins. Aber soll ich Ihnen mal was verraten? Ewigkeit ist immer die Hölle. So lange würde ich auch nicht auf 'ner Wolke im Himmel sitzen woll'n und mir einen klimpern.
UMP: Ach, Sie werden sich dran gewöhnen, Sie arme Seele. Übrigens, dieses ganze »Himmel-Hölle«-Gerede können Sie sich sparen. Gerade Sie als Ungetaufter.
Er: Wer weiß, vielleicht wär ich ja noch Christ geworden oder Moslem. Man muss ja sehn, wo man bleibt heutzutage.
UMP: Sie bleiben erst mal hier.
Er: Und was war jetzt richtig? Jetzt kann man's mir doch sagen. Wer hat denn nun recht? Der Papst, der Luther, die Juden, die Zeugen, die Indianer, die Azteken, die Mullahs oder wer? Wie heißt denn unser Chef?
UMP: ER hat keinen Namen. ER starb, bevor ihm seine Eltern irgendetwas geben konnten, noch während der Geburt. ER war der erste Mann, der ohne Sünde war ...
Er: 'tschuldigung, wenn ich unterbreche, aber sowas kommt doch, soweit ich weiß, öfter vor.
UMP: Ja, leider, immer schon und immer wieder. Alle zwanzig Sekunden, um genau zu sein. Aber er war die Nummer eins. Er ist auch schon recht alt, wissen Sie.
Er: Und hat er sich in der Zeit ein bisschen weiterbilden können? Isser gewachsen mit den Jahren?
UMP: Das Jenseits kennt keine Entwicklung, Sie arme Seele. Hier bleiben alle auf dem letzten Stand, den sie auf Erden innehatten.
Er: Da bin ich ja man froh, dass ich nicht erst mit Alzheimer gestorben bin.
UMP: Sagen Sie das nicht. Die ohne Erinnerung und die

Schwachsinnigen wissen sich mit der Ewigkeit besser zu arrangieren als unsereiner.

Er: Und, Verzeihung, dass sich jetzt die Fragen so häufen, aber wie konnte unser Überbaby denn »die Welt backen«, wenn's selber in die Welt geboren wurde?

UMP: Ach, das ist doch inzwischen längst widerlegt, ham Sie denn nichts gelernt in der Schule, Sie arme Seele?

Er: Jetzt hör'n Sie doch bitte mal auf mich immer so zu nennen! Haben Sie denn nicht auch einen Namen?

UMP: Namen bleiben drüben. So läuft das bei uns hier. Und im Übrigen mag ich auch den Namen nicht, den ich dereinst besaß. Viele mögen ihn nicht.

Er: Na, jetzt sagen sie schon!

UMP: Eva.

Er: Eva? Doch nicht etwa *die* Eva?

UMP: Braun.

Er: Ach so, *die* Eva. Mein Beileid. ... Scheiße, ich bin wirklich in der Hölle gelandet.

UMP: Hören Sie, ich muss gleich den Nächsten einweisen, deshalb beeilen wir uns jetzt mal ein bisschen, okay. Ich zeige Ihnen jetzt, was Sie von nun an für immer zu tun haben werden. Wenn Sie bitte Platz nehmen möchten!

Er: Danke ... Das ist doch ... Ich werd nicht mehr! Das ist doch ein alter 386er SX 25! Genau so einen hatte ich als Kind.

UMP: Na, was für eine Überraschung. Sie brauchen übrigens gar nicht nachzusehen. Ihre Schweinebildchen habe ich gelöscht.

Er: Sie wissen aber schon, dass es derzeit auf Erden wesentlich bessere Fabrikate gibt?

UMP: Im Jenseits gibt's kein Internet. Schon lang nicht mehr. Für das, was Sie machen werden, reicht der hier völlig aus. So hier jetzt einmal draufklicken. *soulmaker.free* und dann unten die .bat-Datei starten, bei der .exe hängt er sich auf. So, und denn öffnet sich gleich ... Moment noch... kleinen Moment noch ... jet...z...t. – So, das ist unsere Maske.

	Oben in den grauen Feldern steht schon Geschlecht und Geburtsdatum. Das ist jetzt ein neuer Seelensatz. Hier im Kopf bitte nichts verändern, verstanden? Hier steht noch Geburtsort, das lassense bitte auch einfach so stehen, okay?
Er:	Ähem, Frau Braun, hier stimmt aber irgendwas mit dem Datum nicht. Hier steht 1762.
UMP:	Nennen Sie mich bitte einfach »arme Seele«. So haben wir uns hier anzusprechen, verstanden? Und das mit dem Datum hat seine Richtigkeit. Hier gibt's keine chronologische Zeitlinie. Sie kriegen hier auch manchmal Zeiten wie 160.000 »vor Dingsbums« oder 3098 Jahre später rein. Das kann Ihnen absolut wurscht sein, was da steht, kapiert?
Er:	Kapiert.
UMP:	Und jetzt kommt das Eigentliche. Die ganzen Felder ab hier, das sind die Charakterrubriken. Hier tragen Sie bitte selbstständig die Zahlen 1 bis 9 ein. 1 heißt fast nichts und 9 ist »volle Kanne« – Hier zum Beispiel bei Cholerik – machense mal – 8. Und darunter Bequemlichkeit – sagen wir mal 7. Dann kommt Gehässigkeit – 9, Neid – ruhig auch 9 und dann kommt Liebe. Das heißt die Fähigkeit, Liebe zu geben und zu empfinden.
Er:	Hier vielleicht auch mal 9?
UMP:	Nee nee, das geht nicht, denn kommt 'ne Fehlermeldung, weil wir ham ja schon Neid 9. Dann geht bei Liebe höchstens noch 4. So. Und dann immer so weiter die Eigenschaften durch: Mitleid, Stolz, Eitelkeit, Frohsinn, Rauschlust und und und. Sind insgesamt sechs Seiten pro Seele.
Er:	Oh, hier gibt's ja auch politische Ausrichtung.
UMP:	Ja, da ist von 1 bis 7 – links, 8 ist Mitte und 9 – rechts.
Er:	Verstehe. Und hier, sexuelle Orientierung?
UMP:	1 bis 3 – Minderjährige, 4 und 5 – Frauen, 6 is Männer und 7 bis 9 sind dann Tiere, Gegenstände und ... weiß ich jetzt gar nicht aus dem Kopf. Da müssen Sie dann mal selber

hier im Ordner nachschauen. Da steht alles drin. Aber kaspern Sie damit nicht so rum. Sonst geht alles drunter und drüber drüben auf der Welt. Ganz am Ende steht dann Todesursache. Wennse da 0 eingeben, kommt der Zufallsgenerator zum Einsatz. Ansonsten ist 1 bis 7 irgendein Krebs, 8 ist Rinderwahnsinn und 9 Selbstmord. Das ist auch ein Feld, wo Sie selber was eintragen können. Aber bleibense bitte im Rahmen, ja. Und wenn Sie durch sind mit einem Datensatz, kurz speichern und dann ablegen. Das ist Ihre Aufgabe. Lohn gibt's keinen, das läuft bei uns unter Praktikum.

Er: Ich gestalte die Seelen von morgen!
UMP: Und von heute und gestern.
Er: Und machen das all die andern, die hier landen, auch so?
UMP: Na ja. Ein paar machen auch Einweisung, so wie ich.
Er: Alle, die gestorben sind, sind danach hiermit beschäftigt? Wie groß ist dieser Laden?
UMP: Etwa mondgroß. Aber das stimmt so auch nicht. Die, die geistig arm sind, also jetzt Säuglinge, Kleinkinder und die ganzen Senilen, kommen ja gleich auf die Matte zum Chef wegen Seligkeit und so. Aber das betrifft Sie ja nicht, Sie arme Seele. Haben Sie jetzt noch irgendwelche Fragen zu Ihrer Beschäftigung?
Er: Ist soweit alles klar. Aber was mache ich, wenn's Probleme gibt oder wenn ich mal 'ne Pause brauche?
UMP: Das hättense sich überlegen solln, bevor Sie sich vorm Wasserhahn im Jobcenter den Molch gewienert ham. Jetzt ist Feierabend.
Er: Feierabend?
UMP: Feierabend vom Feierabend. Eins lassense sich zum Schluss noch gesagt sein: Machense den Job hier gewissenhaft, doch geben Sie sich nicht so viel Mühe mit den Kombinationen. Jeder Dritte hat bloß 'ne Lebenserwartung von unter zehn, vergessense das nicht. Und noch was: Seien Sie nicht zu einfallsreich. Wenn Sie glauben, hier

einen exotischen Faulpelz mit abstoßenden Gelüsten nach dem andern kreieren zu müssen, der dann zum Schluss auf möglichst ach so originelle Art ins Gras beißt, dann kann's Ihnen ganz schnell passieren, dass Sie ratzfatz als genau diese erbärmliche Kreatur wieder auf die Erde geschickt werden. Das gibt's nämlich auch. Is 'ne Abschreckungsmaßnahme, hat mit Buddhismus nix zu tun. Dann müssense nämlich das Leben jener Seele selber ertragen, dass Sie sich mal eben in Ihrem Frust so zurechtgeschustert haben. – Aber wem sag ich das ...?

Er: Was meinen Sie damit?

UMP: Na, denken Sie mal scharf nach. Sind doch 'n helles Köpfchen. Klingelt's schon? Schön, dass Sie wieder da sind, Sie arme, abartige Seele! Mhmhihihi. Und jetzt ran an die Arbeit!

Macht Sex Spaß?
☐ Ja
☐ Nein
☐ Vielleicht
☐ Weiß nicht

# VII. Wozu ist Sex denn sonst noch gut?

Michael Jakob

Die K-Frage

»Was hältst du von Kindern?«, fragt Schatz, und mein Selbsterhaltungstrieb schafft es erfolgreich, den Hintergedanken dieser Frage zu verdrängen. »Wenn ich ein Luftgewehr hätte, würde ich den besonders laut spielenden Kindern gerne mal ein paar schöne Grüße vom Fenster in den Hof schicken«, antworte ich.

»Ich meine doch eigene«, sagt Schatz.

»Na ja, die würde ich nicht abschießen, oder zumindest nicht ins Gesicht, das gibt ja auch nur wieder Geschrei, aber zum Glück haben wir das Problem nicht.«

»Aber willst du denn nicht mal Kinder haben?«, fragt Schatz.

Ich überlege kurz und gebe eine rhetorische Gegenfrage zum Besten: »Willst du dir nicht einmal einen rostigen Nagel in die Kniescheibe hämmern, dessen Entfernung achtzehn Jahre dauert, und die Kosten für die OP betragen geschätzte hunderttausend Euro?«

Schatz erwidert: »Das nicht, aber ich hätte gerne Kinder. Ich habe sogar schon aufgehört, die Pille zu nehmen.«

Ich spüre das Brechwasser in meinem Mund zusammen laufen, meine Hoden ziehen sich aufgrund des Cremaster-Reflexes in das Körperinnere zurück, und mir wird schwarz vor Augen. Als ich nach zwei Stunden Ohnmacht wieder erwache, sagt Schatz: »Entspanne dich, ich habe erst gestern damit aufgehört, ich kann sofort wieder anfangen, wenn du keine Kinder willst ...«

»Dann nimm zur Sicherheit heute zwei«, will ich sagen, doch bevor ich diese Worte aussprechen kann, sehe ich Tränen in ihren Augenwinkeln zusammenlaufen, und in ihrer Pupille läuft ein Film ab, dessen einziger Zuschauer ich bin:

Sehr viel leidenschaftlicher Sex, ein dicker werdender Bauch, die Geburt des Kindes, das Durchtrennen der Nabelschnur und gleichzeitige Ohnmacht meinerseits, heranwachsen, schreien, sabbern, Windeln wechseln, erste Zähne, erste Schritte, erste Worte, erste Schürfwunden, Einschulung, erste Zahnverluste aufgrund von Raufereien und Auf-die-Fresse-fliegen, erste Noten, erste schlechte Noten, Pubertät, erster Liebeskummer, Aufklärungsversuche und gleichzeitige Ohnmacht meinerseits, erste Besäufnisse, erstes Kotzen auf der Rückbank nach wilder Party, erstes Kotzen in der Duschwanne, erstes Kotzen im eigenen Bett, mehrere Wochen kotzen, bis die eigene Alkoholverträglichkeit eingestellt ist, Rebellenphase mit Piercings, Tattoos, bunten Haaren, versautes Abitur, Pädagogikstudium, finanzielle Unterstützung für achtzehn Semester, nach dem Diplom dann endlich der Auszug von zu Hause, nach siebenundzwanzig Jahren haben Schatz und ich das erste Mal sturmfrei, endlich wieder leidenschaftlicher Sex. »The End«.

Aufgrund des primacy-recency-effects merkt sich mein Gehirn nur den Anfang und den Schluss des eben abgelaufenen Films: Viel leidenschaftlicher Sex und leidenschaftlicher Sex, weswegen ich dann doch mit »Ja, klar doch, Kinder, warum nicht, ne?« antworte.

Schatz ist überglücklich und beginnt zu heulen. Das ist zwar nichts Neues für mich, macht sie ja jeden Tag, aber dies ist das erste Mal, seit wir zusammen sind, dass sie vor Freude weint. Es folgen die vier glücklichsten Wochen meines Lebens, als plötzlich ein Freudenschrei das Haus erzittern lässt. Schatz kommt mit heruntergelassener Hose und noch ein bisschen nachtropfend von der Toilette und fummelt mit einem Stück Papierstreifen vor meiner Nase herum. »Wir sind schwanger! Wir sind schwanger!«, sagt Schatz, und ich antworte, dass ich den Test noch gar nicht gemacht hätte und man von daher nur sagen könne, dass sie schwanger sei.

Schatz sagt »Du Blödmann«, küsst mich auf den Mund und verschwindet wieder im Bad. In diesem Moment fällt mir der mittlere Teil des Films wieder ein ... Während mir das Brechwasser im Mund zusammenläuft, sich meine Hoden in das Körperinnere zurückziehen und mir schwarz vor Augen wird, denke ich: »Die Natur ist echt ein Arschloch! Eine Milliarde Jahre Evolution, und es gibt immer noch keine Lösung für dieses Fortpflanzungsdilemma, diesem genetischen Super-GAU, dieser Geschlechtskrankheit namens Nachwuchs.«

Und ich ahne, dass sich von nun an einiges ändern wird ...

Macht Sex Spaß?
☐ Ja
☐ Nein
☐ Vielleicht
☐ Weiß nicht

Nico Walser

Intim mit dem Yoga-Mann

Mehrere Jahre lang versuchten meine Frau und ich vergeblich, ein Kind zu zeugen. Bis uns ein Gynäkologe schonend die Diagnose beibrachte, dass es wohl nur mit einer künstlichen Befruchtung gelingen würde. Als wir uns bei einer darauf spezialisierten, sogenannten Invitrofertilisationsklinik anmeldeten, war mir noch nicht bewusst, dass während dieser Prozedur ein intimer, homosexueller Kontakt nötig werden würde, quasi der erste schwule Sex meines Lebens.

8.30 Uhr, Freitagmorgen, Köln. Meiner Frau wurden unter Narkose im OP-Saal der IVF-Klinik Eizellen entnommen. Ich saß ein paar Räume weiter (nicht betäubt) und sollte zeitnah frischen Samen gewinnen, in ein steriles Döschen eintüten und durch eine Klappe in der Wand reichen, damit unverzüglich die künstliche Befruchtung vorgenommen werden konnte.

Es war klar, wenn ich vor lauter Anspannung keinen Samen »just in time« produzieren könnte, wäre die ganze Sache gelaufen, und wir müssten zu einem späteren Zeitpunkt noch mal ganz von vorne anfangen. Für meine Frau würde das bedeuten: monatelange Hormontherapie mit Tabletten und Nasenspray, tägliche Thrombosespritzen, regelmäßige Untersuchungen inklusive Blutabnahme und Vaginalabstrich. Sowie für uns beide allerlei Papierkram mit Krankenkasse und Klinik. Und nicht zuletzt: das Bangen und Hoffen, dass das Ganze denn überhaupt klappte und letztlich zu einem Kind führt. Allzu viele Versuche würde uns die Krankenkasse nicht bezahlen. Wir waren längst keine Twentysomethings mehr, ab vierzig ist Schluss mit der Kostenübernahme.

Nun könnte man ja mit dem gesunden Menschenverstand davon ausgehen, dass der mögliche Umstand eines Erektionsversagens während der entscheidenden Laborphase der Eibefruchtung einer Spezialklinik besonders bewusst sein sollte und man Vorsorge trifft, es dem männlichen Part des Befruchtungsprozesse beim Ejakulieren so angenehm – will sagen: erotisierend – wie möglich zu machen. Soweit zum gesunden Menschenverstand. Tatsächlich war alles anders.

Ich betrat gegen halb neun Uhr morgens einen weißgestrichenen, grell erleuchteten, kleinen Klinikraum mit grauem PVC-Bodenbelag und einem stechenden Geruch nach Desinfektionsmittel. In einer Ecke war ein Pinkelbecken an der Wand montiert, nebst Papierhandtuchspender. In einer anderen Ecke stand ein roter Ledersessel mit Beistelltischchen aus Plastik vor einem Flachbildschirm, der an der Wand angebracht worden war. Auf dem eher praktischen als schön anzusehenden Tischchen lag ein Klemmbrett mit Formularen, welche ich ausfüllen sollte. Formulare, die ich bequem während der halben Stunde im Wartezimmer hätte ausfüllen können. Als hätte ich hier nichts Wichtigeres zu tun!

Um die Atmosphäre für den anstehenden Geschlechtsverkehr mit mir selbst etwas romantischer zu gestalten, wollte ich das Licht ausmachen oder zumindest dimmen. Ging nicht. Kein Schalter. Nirgends. Es blieb neongrellweiß. Die nüchtern-spartanische Einrichtung wirkte auf mich, als diene sie allein der effizienten Reinigung, als könne man das Zimmer zwischen den alltäglichen

Ejakulationsroutinen problemlos mit einem Hochdruckreiniger durchkärchern.

8.32 Uhr. Erwartungsvoll schaute ich auf den Flachbildschirm an der Wand und sah einen nackten Mann. Im Schneidersitz meditierend saß er auf einem Teppich in einem ansonsten leeren Studioraum. Er trug schwarze Haare, zu einem Zopf nach hinten gebunden, und war insgesamt ein dunkelhäutiger, südländischer Typ. Vom Aussehen her durchaus ansehnlich, gut gebaut, ohne übertrieben muskulöse Modelmaße, aber, ähem, nun ja, es handelte sich um einen Mann.

Ich prüfte, ob man das Heimkinoprogramm umschalten konnte. Ging nicht. Kein Schalter. Weder am Bildschirm, noch lag irgendwo eine Fernbedienung herum. Ich blickte mich nach Magazinen mit erotischem Inhalt um. Nüscht. Ich konnte es nicht fassen: In einem solchen Moment zeigten die hier tatsächlich einen Film mit einem nackten Mann! Hätten wir bloß nicht eine Klinik in Köln ausgewählt!

8.35 Uhr. Nach meinem Erkundungsgang plumpste ich nervös in den Ledersessel und begann nun doch damit, die Formulare auf dem Klemmbrett auszufüllen. Postadresse, Geburtsdatum, Krankenkasse, HALT!!! Das waren doch allesamt Informationen, die die Klinik längst besaß! Warum sollte ich denn den ganzen Kladderadatsch noch einmal angeben? Den Plastikbecher für mein Sperma zu beschriften, das sah ich ja noch ein. Egal, sei's drum, ich füllte die Formulare vollständig aus. Zwischendurch schaute ich voller Hoffnung auf den Bildschirm. Vielleicht lief ja endlich mal eine nackte Frau durchs Bild. Pustekuchen. Mittlerweile war der meditierende Mann aufgestanden und hatte sich in eine Yoga-Position begeben, welche auf der eingeblendeten Texttafel als »Anfänger-Position 8: HUND« bezeichnet wurde. Das bedeutete, er hatte sich auf Füße und Hände gestützt und reckte seinen Po in die Höhe, sein Gemächt wippend zwischen den Beinen. Mein persönlicher Erregungsgrad: knapp über Weltraumtemperatur. Nichts gegen nackte Männer, aber bei Schäferstündchen stehe ich nun mal auf weibliche Geschlechtsmerkmale.

8.42 Uhr. Inzwischen hatte ich alle Formulare ausgefüllt und überlegte, wie ich denn nun »erfolgreich liefern« könnte. Ich ärgerte mich, dass ich mir zur Anregung nicht einfach einen Fotoband mit Pin-Up's mitgebracht hatte; dass ich kein Smartphone besaß, um einfach schnell im Internet nach Erregendem zu suchen. Oder darauf bestanden hatte, selbst eine DVD auswählen zu dürfen. Was würde ich jetzt geben für einen Blick auf die Schauspielerin Jane Fonda im schwül-kitschigen Intro des Sechzigerjahre-Klassikers *Barbarella*. Der Moment, wenn sie sich in ihrem puscheligen Raumschiff langsam entkleidet ...

Oh nein! Jetzt waren schon *zwei* Männer im Film zu sehen, synchron nebeneinander in Zeitlupe trainierend, in einer Yoga-Position namens »KRIEGER 1«. Der zweite Mann war ebenfalls groß, schlank, muskulös, mit schwarzen Haaren und Zopf. Moment mal! Da fehlte was zwischen ... Oha, das sollte eine *Frau* sein! Mann und Frau gleichzeitig bei Yoga-Übungen. Handelte es sich hier etwa um eine Art sportliches Vorspiel, und gleich würde es deftig zur Sache gehen? Ich wollte keine feinsinnigen Yoga-Positionen für Baum-Umarmer und Reh-Streichler mehr sehen, sondern gutes, altes Vögeln und Bumsen!!! (Sorry, aber das musste jetzt grad mal raus bei all der schöngeistigen Körperertüchtigung im Film).

8.45 Uhr. Eine Weile sah ich mit skeptischem Blick den Trainierenden zu und studierte dabei ihre Körper genauer. Alle trugen Schnauzbart, auch der Mann.

Tatsächlich war die Frau ein reichlich mit männlichen Hormonen gesegnetes Weibchen, starker Haarbewuchs und herbe Gesichtszüge. Das konnte doch nicht deren Ernst sein, hier in der Klinik! Niemand erwartete in einer solchen Situation derbe Internetpornografie, aber ein wenig klassisches Heterogeschmuse wäre jetzt schon angebracht gewesen. Was sollte dieses durchgeistigte Körperverrenken für den männlichen Part des Befruchtungsvorganges genau bewirken? Handelte es sich simpel und ergreifend um eine Anleitung zum Entspannen? Oder würde beim Nachäffen der Yoga-Übungen die Ejakulation wie von indischer Zauberhand automatisch vollführt? Sollte ich mir etwa in der Position HUND den Schwanz wedeln? Oder würde etwa gleich Guido Cantz hinter dem Pinkelbecken hervorspringen und jovial »Verstehen Sie Spaß?« rufen??? So etwas kann bei mir in Stresssituationen schon mal vorkommen: Dass sich in meinem Kopf abstruse Theorien die Klinke in die Hand geben oder dass ich absurde körperliche Gelüste in den unpassendsten Momenten entwickele.

8.50 Uhr. Ich bekam irrsinnige Lust auf eine Tasse Tee. Mein Gehirn beschäftigte sich sogleich mit der Frage, welche der Wellness-Teesorten aus der »Wohlfühl-Collection« der Firma Teekanne in diesem Augenblick die Geeignetste wäre: »Träum schön«, »Gutes Bauchgefühl« oder »Klarer Kopf«? Aber in meiner Situation würde wohl nur eine völlig neue Teekreation wie »Gute Durchblutung« oder »Aufrecht stehen« helfen.

Ich dachte an meinen allerersten Erotikfilm zurück, welchen ich Anfang der Achtzigerjahre gesehen hatte. Meine minderjährige Vorfreude auf »echte« Erwachsenenpornografie wurde damals schwer enttäuscht. Es lief ein dämliches Soft-Sexfilmchen mit Ingrid Steeger in der Hauptrolle. Dafür, dass man dreimal ihren nackten Busen durch die Kulissen hüpfen sehen sowie einmal kurz einen Blick auf ihre Schamhaare werfen konnte, musste man achtzig Minuten dümmlichster Dialoge und Handlung ertragen. Derartige Machwerke trugen damals Filmtitel wie *Es jodelt in der Lederhose* oder *Lolita am Scheideweg*. Heutige Movies im Internet zeichnen sich ja durch unverständliche, kryptische Namen aus. Zum Beispiel: *Cute COED first DP in 3some with BBC & MILF*.

8.53 Uhr. Blick zurück zum Wandbildschirm. Der Yoga-Film hatte sich nach wie vor nicht verändert. Ob durch solche steifen Streifen mit maskulinen Yogis wirklich eine hohe Erfolgsquote in der Klinik erreicht werden konnte? Und wie dieses Filmchen hier wohl hieß? Bestimmt trug es einen dieser komischen Filmtitel von Gaymovies wie: *Spiel mir das Lied vom Glied*, *Die Nacht der lebenden Hoden* oder *Das Wunder von Bernd*. Das Yoga-Filmchen hätte ich *Der mit dem Schwanz tanzt* betitelt.

Trotz aller Entspannungsbemühungen meinerseits tat sich beim Anblick der emsigen Yogis in meiner Zeugungszone nüscht. Null, nada, niente. Vielleicht wäre es besser gewesen, die hätten mich heute im OP-Saal ebenfalls narkotisiert und einfach alles entnommen. Ich konnte mir jedenfalls bildlich vorstellen, wie gerade ein paar Räume weiter im Labor gelangweilte Medizintechniker darauf warteten, dass ich endlich fertig würde, wie sie genervt auf die Uhr schauten, mit den Fingern nervös auf der Bauchdecke meiner Frau herumtrommelten und laut seufzten: »Na, hat er's nun bald?«

8.55 Uhr. Ich guckte in meiner Folterkammer erneut hilfesuchend umher und entdeckte ein kleines Schild an der Tür, auf dem stand:

»Wenn Sie länger als fünfundvierzig Minuten benötigen sollten, wenden Sie sich bitte an unser Personal.«

Ach! Würden die mir dann zur Hand gehen oder was? Ich dachte an die Planschkuh von Arzthelferin, die mir vorhin den Plastikbecher in die Hand gedrückt hatte, und beschloss, dass mir das Personal besser nicht zu Hilfe eilen sollte. Womöglich käme sogar der Yogi persönlich.

Oha, knapp eine halbe Stunde rum. Jetzt kam richtig Panik auf. Ich atmete betont langsam und ruhig durch.

8.57 Uhr. Auf dem Bildschirm lagen die beiden unermüdlichen Yogis nebeneinander auf dem Bauch, stützten sich mit den Händen ab und bogen ihre Oberkörper in die Höhe. »Position 14: DAS SONNENGEBET« wurde auf der Texttafel eingeblendet. Beten half mir hier schon gar nicht weiter. Es wurde Zeit, ich musste mir selbst helfen! Ich schloss die Augen und schaltete mein Kopfkino ein. Zunächst versuchte ich mir, meine Frau vorzustellen, konnte sie jedoch in Gedanken lediglich vor mir sehen, wie sie anästhesiert auf dem OP-Tisch lag.

Sternzeit 8 Punkt 59. In einer psychedelischen Galaxis aus blauen Blubberbläschen treibt ein Raumschiff, gestaltet im Design der späten Sechzigerjahre. Kamerafahrt durch ein Bullauge ins Innere, auf die Brücke des Raumschiffs. Alles ist mit goldbraunem Flokatiteppich ausgelegt, selbst die Wände. Aus unsichtbaren Lautsprechern ertönt Easy-Listening-Musik. Man sieht ein sinnliches Wesen in einem hippen, silbern-schimmernden Weltraumanzug. *Barbarella* beginnt, sich in der Schwerelosigkeit auszuziehen. Space-Striptease ...

Letztlich kann man im doppelten Sinne von einem Happy End sprechen, unser Sohn wurde zehn Monate später geboren. Die Wochen nach der Laborbefruchtung gerieten dermaßen aufwühlend und jeden Gedanken vereinnahmend, dass ich nicht mehr dazu kam, in der Klinik nachzuhaken, wer denn bloß das Yoga-Video verzapft hatte. Um zu verhindern, dass unser Sohn später einmal anstelle von Geschlechtsverkehr schöngeistiges Nackt-Yoga praktiziert, werde ich ihm zu seinem vierzehnten Geburtstag sicherheitshalber den *Barbarella*-Film schenken.

Robert Rescue

Ein Akt der Freundschaft

Das Verhältnis von Mann und Frau ist ein schwieriges. Daran musste ich wieder einmal denken, als Kerstin und ich bei mir zu Hause saßen. Bislang hatte ich gedacht, dass es zwischen uns nicht kompliziert werden könnte, denn wir waren nur befreundet. Ich hatte lange Zeit geglaubt, dass diese Freundschaft ein Schutzschirm war, der all das, was zwischen Mann und Frau zur Belastung werden kann, abwehrt. Bis zu diesem Augenblick.

»Ich möchte dich um einen Gefallen bitten, Robert«, verkündete Kerstin, nachdem sie einen tiefen Schluck vom Rotwein genommen hatte. »Um was geht es?«, fragte ich und griff meinerseits nach dem Glas.

»Ich möchte ... ich möchte, dass du mit mir schläfst und wir ein Kind zeugen.«

Ich trank einen Schluck Wein, stellte das Glas langsam wieder auf den Tisch, schaute einen Moment auf das Glas, drehte mir dann eine Zigarette, zündete sie an, nahm einen Zug, legte die Kippe in den Aschenbecher und wandte mich dann an Kerstin: »WAS?«

»Ich habe überlegt ...«, begann sie, stoppte für einen Moment und fuhr fort: »Es ist so, dass ich jetzt achtunddreißig bin und nicht in einer Beziehung lebe. Ich möchte ein Kind und habe nicht mehr viel Zeit, eines zu bekommen. Du bist ein Freund, den ich lange kenne und dem ich vertraue, also dachte ich mir, du wärst der Richtige für diesen ... Job.«

»Ich bin *ein* Freund und nicht *dein* Freund«, begehrte ich sogleich auf. »Wir sehen uns alle drei Monate, wir umarmen uns, wenn wir uns begrüßen und verabschieden. Wir haben sonst keinen Körperkontakt miteinander, ich habe auch keinerlei Fantasien über dich, und ich weiß überhaupt nicht, wie wir das anstellen sollen.«

»Heißt es nicht«, konterte Kerstin, »dass Männer ständig Sex wollen und das egal mit welcher Frau?«

»Ich bin nicht dieser Typ«, antwortete ich, »also, nicht immer. Also mal so, je nach Lage, aber eigentlich ganz selten. Es kommt auch auf den Typ Frau an, den ich begehrenswert finde. Ganz offen gesagt, du bist keine Frau, die ich begehre, deshalb sind wir ja auch befreundet.«

Kerstin biss sich auf die Lippen. Sie hatte sich wohl schon gedacht, dass dieses Anliegen nicht so profan war wie auf einen Handwerker zu warten oder ein Computerproblem zu lösen. Ich war auf diese Situation nicht vorbereitet, aber das Thema war mir nicht neu. Zwei Freundinnen von mir waren auch über Mitte dreißig, und wir hatten schon oft darüber gesprochen, wie ihre jeweiligen Partner mit einem Kinderwunsch umgingen. Sie litten darunter, dass sich die Männer mit dem Thema nicht beschäftigen wollten, sich auch dem Kinderwunsch verweigerten mit der Erklärung, eine miese Kindheit erlebt zu haben und zu fürchten, ihrem Nachwuchs würde das Gleiche passieren. Der Unterschied zu jetzt aber war, dass ich nicht zur Lösung dieses »Problems« herangezogen werden sollte.

Ich atmete laut ein und aus. »Ich meine, ich mag dich, deshalb sind wir befreundet. Wir unternehmen was gemeinsam, wir treffen uns bei Wein und Essen und reden über unsere Männer- respektive Frauenbekanntschaften, wir sprechen über Literatur, Filme und Jobentwicklungen. Aber wir haben keinen Sex.«

»Kannst du es dir denn vorstellen?«, fragte Kerstin. »Denk genau drüber nach: Kannst du dir vorstellen, mit mir Sex zu haben?«

Ich kannte einige Frauen, bei denen ich mir das sehr gut vorstellen konnte, bei denen ich dem Himmel auf Knien danken würde für eine solche Frage. Ich würde einen Moment lang so tun, als dächte ich nach, während sich im Raum eine erotische Spannung aufbaute. Dann würde ich sie anschauen und ein »Ja« hauchen. Keine Minute später würden wir uns auf dem Bett wälzen und uns die Klamotten abstreifen.

»Nein«, sagte ich und schaute Kerstin dabei nicht an.

»Du könntest dich betrinken«, schlug sie vor. »Also nur soweit, dass es deine Hemmungen abbaut. Wir könnten auch schnell machen, ohne Vorspiel. Ich lege mich hin, spreize die Beine, reibe mich feucht ...«

»Du willst es doch auch nicht oder ...?«

»Es spielt keine Rolle, ob ich es will, Robert. Das verstehst du nicht. Natürlich hätte ich gerne einen Partner, mit dem ich die Zeugung auf normale Art vollziehen könnte, aber so jemand ist gerade nicht präsent in meinem Leben.«

Sie zündete sich hastig eine Zigarette an. Ich sah sie kurz an, bevor ich mich wieder wegdrehte. Mir wurde bewusst, dass wir uns schon seit Minuten unterhielten, ohne uns anzusehen. Aus den Augenwinkeln sah ich, wie Kerstin die Zigarette hastig ausdrückte. »Wir könnten es so machen: Du legst dich auf mich, steckst ihn rein und nachdem du gekommen bist, ziehen wir uns schnell an, setzen uns wieder an den Tisch und reden darüber, was dein Roman macht.«

Ich schüttelte den Kopf und entwickelte dabei einen neuen Plan, wie ich mir diese Angelegenheit vom Hals schaffen könnte.

»Wie wäre es, wenn du ausgehst und in einem Club einen Mann aufreißt? Also einen One-Night-Stand. Er muss gar nicht erfahren, um was es dir geht, und ihr seht euch nie wieder.«

»Darüber habe ich nachgedacht«, gab Kerstin zu. »Aber ich möchte das nicht. Ich will den Vater des Kindes kennen. Du musst dich auch nicht um das Kind kümmern. Wir müssen nicht zusammenziehen, und du musst keinen Unterhalt zahlen. Das können wir vertraglich regeln. Ich will einfach nur wissen, dass ich das Kind von jemandem hab, den ich mag. Machst du mit?«

Ich wusste nicht, wie ich mich entscheiden sollte. Eigentlich war es keine große Sache. Wir würden Sex haben, Kerstin bekäme, was sie wollte, und wäre zufrieden. Sie hatte wie viele Frauen nicht rechtzeitig die Gelegenheit gehabt oder genutzt, ein Kind zu bekommen, was für die heutige Zeit fast schon normal war. Daher schien es mir logisch, eine Zeugung auch auf diesem Weg zu vollziehen.

Andererseits gehörte ich zu der Sorte Mann, die vom Thema Kinder nichts wissen oder es auf unbestimmte Zeit verschieben will. Wie würde mein Umfeld reagieren? Sollte ich davon besser gar nichts erzählen? Oder sagen, dass ich Vater geworden bin, aber nicht aus Liebe, nicht aus Versehen, sondern aus einem freundschaftlichen Gefallen heraus?

»Aber heute nicht mehr«, antwortete ich, denn in diesem Moment war mir die Vorstellung, mit Kerstin Sex zu haben, noch zu abwegig.

»Nächste Woche wäre gut«, sagte Kerstin.

»Dann Dienstag. Hier bei mir.«

Kerstin legte mir die Hand auf den Unterarm. »Ich danke dir, Robert. Was noch wichtig wäre: Du solltest bis dahin mit keiner anderen Frau ins Bett gehen oder dich selbst befriedigen. Das steigert deine Lust auf Sex und auch unsere, ich meine, meine Chancen, du verstehst?«

Ich nickte bloß.

Als ich am nächsten Dienstag die Tür öffnete und Kerstin hereinließ, stellte ich mir vor, sie sei Lisa. Es schien mir nötig, alles, was ich mit Kerstin verband, auszublenden und mir stattdessen vorzustellen, sie wäre meine derzeitige Traumfrau. »Machen wir es gleich, oder trinken wir erst was und reden?«, fiel ich mit der Tür ins Haus. Ich war weiterhin verwirrt und wollte die Sache schnell über die Bühne bringen. Kerstin strich mir mit der Hand übers

Gesicht, ging ins Wohnzimmer, setzte sich und goss ein Glas mit Rotwein voll. Ich hatte ihren Vorschlag, mich zu betrinken, beherzigt und hatte Vorsprung. Eine halbe Stunde saßen wir da, redeten kein Wort und tranken ein Glas nach dem anderen. Dann stand Kerstin auf, zog sich aus, wobei ich nicht zuschaute, und legte sich auf das Bett. »Komm schon«, hörte ich es von ihr. Ich erhob mich und ging zu ihr. »Es geht irgendwie nicht«, sagte ich kurz darauf.

»Welche Frau begehrst du gerade am meisten?«

»Die Lisa aus meiner Stammkneipe.«

»Dann stell dir halt vor, ich wäre diese Lisa.«

Ich überlegte zu antworten, dass ich das bereits die ganze Zeit tat, aber vielleicht würde ich sie damit beleidigen.

Ich stellte mich ans Fenster, schaute in die Nacht hinaus, malte mir eine Situation mit Lisa aus, nahm meine Hand zur Hilfe und bemühte mich nach Kräften, Kerstin zu ignorieren, und stellte mir Lisa auf dem Bett vor. Schließlich hatte ich mich so weit, dass es nicht lange zum Höhepunkt dauern würde. Ich ging zum Bett und legte mich so auf Kerstin, als wollte ich Liegestütze machen. Ich bewegte mich auf und ab, und keiner von uns beiden gab ein Geräusch von sich.

Ich hatte die Augen geschlossen und zählte die Sekunden. Wilde Gedanken gingen mir durch den Kopf. Wann endlich würde es vorbei sein? Würden wir danach wirklich am Tisch sitzen und uns so unterhalten, wie wir es gewohnt waren? Was war, wenn es nicht klappte und wir das Ganze wiederholen mussten, womöglich mehrere Male?

Dann schließlich ...

... kam ich, aber ich kam nicht.

Wir lagen ein paar Minuten lang nebeneinander im Bett und schwiegen. Schließlich stand Kerstin auf und zog sich an. »Eine Frau merkt, wenn der Mann kommt. Von dir kam außer ›Ich komme‹, ›Ahhh‹ und ›Endlich vorbei‹ nichts.«

»Was machst du?«

»Ich beherzige doch deinen Vorschlag und gehe in einen Club.«

Kerstin und ich haben inzwischen keine Probleme mehr. Luigi, ein italienischer BWL-Student, ist sogar länger bei ihr geblieben als eine Nacht, wofür ich ihm sehr dankbar bin, was ich ihm aber bislang nie gesagt habe. Kerstin und ich treffen uns nicht mehr, außer zu Anlässen wie der Hochzeit der beiden und der Geburt ihrer Tochter Nina. Wir tauschen uns dann aus, aber über diesen Dienstagabend haben wir nie wieder ein Wort verloren.

> Macht Sex Spaß?
> ☐ Ja
> ☐ Nein
> ☐ Vielleicht
> ☐ Weiß nicht

> **Verständnisfrage**
> Sex mit einer Hochschwangeren; zählt das schon als flotter Dreier?
> *(Björn Högsdal)*

Andy Strauß

Streiten und Zeugen

Irgendwann war er plötzlich da, dieser Moment. Der Moment, in dem die Einstellung kippt. Die Einstellung zu der Frage, ob man als Paar seine Wohnung nun doch endlich mit einem dritten, selbstgemachten Menschen teilen möchte. Milena und ich hatten bis dahin immer Glück gehabt. Wir wollten bisher keinen Nachwuchs und hatten auch nicht das Unglück eines »Trodis«, wie ein befreundetes Pärchen ihren Jungen nennt, der trotz Diaphragma entstanden ist. Unser beziehungsweise Milenas Diaphragma saß immer an der richtigen Stelle und ließ meinen sonst so tapferen Spermien kein Durchkommen.

Dann aber begann die Anzahl der Kinderlosen in unserem Umfeld rapide zu schrumpfen, alle strahlten nur so vor Kinderglück, und irgendwann war es Milena und mir zu viel Ausgrenzung, weswegen wir uns zu diesem Urlaub entschieden hatten. Schön an die Mecklenburgische Seenplatte fahren, genau zur Eisprungzeit, und dann tunlichst ein Kind zeugen, um wieder im Freundeskreis mitreden zu können. Das war der Plan, weswegen wir jetzt im sinnvoll gepackten Kombi sitzen und über die Autobahn gen Osten brettern. Die Zweifel an unserer doch sehr erwachsenen Entscheidung haben wir zu Hause gelassen, eingepackt haben wir stattdessen Handtücher, keine Kleidung, schließlich wollen wir zeugen, und da ist Kleidung meist nur im Weg, sowie all die Sexspielzeuge, die wir uns in den letzten vier Beziehungsjahren so zugelegt haben. Auch wenn das Zeugen irgendwie nach Arbeiten klingt, so wollen wir doch den größtmöglichen Spaß dabei haben.

Im Radio meldet der Verkehrsfunk überwiegend freie Straßen, wovon auszugehen war, denn wir haben unsere Reise nicht nur nach dem Eisprung-, sondern auch nach dem ADAC-Staukalender geplant, schließlich wollen wir nicht gestresst zeugen müssen. Nach den erfreulichen Nachrichten berichtet Conny Francis in einem Lied darüber, dass sie als kleines Mädchen ihre Mutter gefragt hat, was sie in Zukunft sein würde, hübsch oder reich oder was auch immer, und dass ihre Mutter dann gesagt habe, dass man die Zukunft nicht vorhersehen könne und so was.

»Wenn unsere Tochter mal fragt, was sie wird, dann sag ich der aber was anderes«, sagt dann plötzlich Milena und trifft mich damit, als hätte sie mir einen Baseball gegen den Kopf geworfen. Kurz vergesse ich, dass ich einen Automatikwagen fahre und trete statt auf eine Kupplung mit dem linken Fuß auf die Bremse. Und dann will sie wissen, was denn los sei.

»Wieso Tochter? Wir fahren doch jetzt nicht in den Osten, um eine Tochter zu zeugen! Was soll ich denn mit einer Tochter? Einen Sohn zeugen wir«, echauffiere ich mich und habe allen Grund dazu. Nicht umsonst habe ich die letzten zwei Wochen damit verbracht, meine Spermien darauf zu trimmen, Jungs zu zeugen. Ich habe hauptsächlich rohes Fleisch gegessen, meinen Hoden erst Augen aufgemalt und sie dann *Rambo*, *A-Team* und *MacGyver* schauen lassen, kein einziges Haar von meinem Körper entfernt, ausnahmslos im Stehen gepinkelt und zur Sicherheit für den BVB und für Schalke gejubelt. Und dann kommt mir Milena mit einer Tochter, so ein Irrwitz. Beschwichtigend tätschelt mir Milena den Schritt. Eigentlich hilft es immer, mir den Schritt zu tätscheln, um als Frau von mir zu bekommen, was Frau möchte, aber dieser Schritt ist ein zu wichtiger. »Ach, Philip«, sagt sie und tätschelt noch ein wenig kräftiger. »Natürlich zeugen wir eine Tochter! Ich brauche doch jemanden, der meine tollen Kleider später mal tragen kann und dem ich beim Ballett zuschauen kann! Ein Mädchen ist genau das Richtige für uns! Ich habe meinen Eierstöcken extra in den letzten Tagen nur Céline Dion vorgespielt und mit einer rosa LED-Lampe durch meine Bauchdecke geleuchtet.«

Ich schlucke. Wenn sie alles getan hat, damit es ein Mädchen wird, und ich, damit es ein Junge wird, dann würden wir im Endeffekt wahrscheinlich ein Zwitterwesen zeugen, denke ich. Und das sage ich dann auch.

»Du bist so ein Egoist, dass du das gemacht hast«, keift sie mich so laut an, dass es wohl auch der Fahrer des Lkws, den wir gerade überholt haben, gehört haben muss.

»Ich bin der Egoist? Du bist die Egoistin!«

Auf diese Weise streiten wir noch etwa dreihundert Kilometer, angeleitet vom Navigationsgerät, das uns ohnehin ständig darum bittet zu wenden. Umgeben von einem Wald und neben einem See beruhigen wir uns und checken in unseren Bungalow ein. Den Beschluss, das Zeugen doch noch zu verschieben, längst gefällt, wird in See, Wald und Bungalowbett weiterhin mit Diaphragma geliebt.

Dass uns vierzig Wochen später dennoch zwei völlig neue Augen entgegenblicken, hatten wir gar nicht mehr geplant. Mittlerweile ist Trodi zwei Jahre alt, wir sind in unserem Freundeskreis beliebt wie eh und je, und das Geschlecht des Kindes ist völlig egal.

Die Autorinnen und Autoren & bibliografische Notizen

Ahne ist ein Mensch aus Fleisch und Blut sowie Knochen. Seine Hobbys sind Extremfaulenzen und ausdauernd auf diverse Punkte gucken. Mit vierzehn Jahren wurde er fast einmal von einer Windbö erfasst und fortgeweht. Letzte Veröffentlichungen: »Zwiegespräche mit Gott – Unser täglich Brot« (Voland & Quist 2011) und »Wieder kein Roman« (Voland & Quist 2012)

Alexander Bach, geboren 1971 in Düsseldorf, lebt in Köln. Autor, Spoken-Word-Performer und Literaturaktivist in der freien Kölner Literaturszene. »AusLese«-Preis der »Stiftung Lesen« (1998). www.andersvorgestellt.de

Benjamin Bäder, geboren 1982 in Dinslaken, studierte Kommunikationsdesign in Düsseldorf, liebt Pizza, Malzbier und Frauenhaarfarne. Alles Weitere gibt es unter www.fremdlesen.de

Tilman Birr ist zweiunddreißig. Er sitzt und spricht. Seine Lesebühne in Frankfurt am Main heißt »Die Lesebühne Ihres Vertrauens«. Sein Buch heißt »On se left you see se Siegessäule«. Sein Pferd heißt Horst. Er wohnt in Berlin. www.tilmanbirr.de

Thilo Bock wohnt seit seiner Geburt 1973 in Berlin. Dabei guckt er oft aus dem Fenster. Abends liest und singt er vor Publikum. Sein zweiter Roman »Senatsreserve« erschien 2011 bei der Frankfurter Verlagsanstalt. www.thilo-bock.de

Paul Bokowski wurde 1982 in Mainz geboren. Seit zehn Jahren lebt er in einem der unbeirrbarsten Problembezirke der bundesdeutschen Hauptstadt. Er ist freier Autor, Gelegenheitsslammer und Redaktionsmitglied der Literaturzeitschrift »Salbader«. Neben zahlreichen Anthologiebeiträgen erschien im März 2012 sein erster Kurzgeschichtenband »Hauptsache nichts mit Menschen« (Satyr).

Sarah Bosetti, geboren 1984, ist Lesebühnenautorin und Slampoetin in Berlin, Mitglied der »Couchpoetos« sowie eine Hälfte des Poetry Slam-Teams »Mikrokosmos«. 2012 erschien im Sprechstation Verlag ihr erstes Buch »Wenn ich eine Frau wäre«. www.sarahbosetti.com

Martina Brandl, Sängerin, Komikerin und Angela Merkels Stimme in »Angie und die Westerwelle« schrieb die Bestseller »Halbnackte Bauarbeiter«, »Glatte Runde Dinger« und die Krimi-Farce »Schwarze Orangen«. Außerdem tourt sie bundesweit mit dem Kabarettprogramm »Jedes 10. Getränk gratis! Ein Selbstversuch«. www.martina-brandl.de

Sacha Brohm lebt als freier Autor in Bielefeld und Austin, Texas. Sein neues Buch heißt »Ich will die Welt mit Terror überziehen! Oder Schokolade.« und ist im Satyr Verlag erschienen.

Petra Brumshagen, Jahrgang 1979, lebt als freie Autorin und Online-Journalistin in Heidelberg. Wenn sie Zeit hat, bloggt sie unter www.scheinfrei.wordpress.com

Sascha Delitzscher hat dasselbe gelernt wie Angela Merkel, ist ein Kind der DDR und schneidet sich die Haare selbst. Das war es aber auch schon mit den Gemeinsamkeiten. Hoffentlich.

Kali Drische (Pseudonym, geboren 2010) lebt mit ihrem Stammhirn (geboren 1968) zusammen in Berlin. Weil beide schreiben, gibt es manchmal Streit um den Computer.

Kersten Flenter, Jahrgang 1966, veröffentlichte bislang neunzehn Bücher in Groß- und Kleinverlagen. Zuletzt erschienen: »Ein Drehbuch für Götz« (zusammen mit Thorsten Nesch, Satyr Verlag: 2012).

Micha-El Goehre, Ostwestfale, Poetry Slammer, Autor, DJ, Moderator. Zuletzt veröffentlicht: »Jungsmusik« im Satyr Verlag. www.michael-goehre.de

Martin »Gotti« Gottschild lebt. Ganztägig. Das Atmen macht ihm Spaß. Er war schon mal DDR-Meister im Bogenschießen, Abiturient, Musikalienhändler, berühmt, Garderobenfrau und ein gefürchteter Klingelton. Im Spätsommer 2003 schreibt er seine erste heitere Kurzgeschichte, weil er zwar gerne lacht, aber eben nicht so lange. Ein Jahr später erfindet er »Tiere streicheln Menschen – die Actionlesung«. Seine Kurzgeschichtenbände erscheinen bei LOOB.

Jan Gympel, eingeborener Berliner (West), Jahrgang 1966. Journalist, Autor von Sachbüchern, schöner Literatur und Comics. Besitzt viel Phantasie. www.gympel.de

Björn Högsdal, geboren 1975, lebt als Poetry Slammer und Kulturveranstalter in Kiel. Bei Satyr wird er im Jahr 2013 eine Geschichtensammlung über Rabeneltern und Arschlochkinder herausgeben.

Michael Jakob ist mehrfach ausgezeichneter Kleinkünstler. Er ist seit vierzehn Jahren als Schauspieler, Performance-Poet und Moderator auf der Bühne zu Hause und auch hinter dem Vorhang als Autor, Kreativ-Coach und Lehrbeauftragter für Poetry Slam aktiv. www.michaeljakob.de

Felix Jentsch, in Berlin geboren, tritt seit 2003 auf Poetry Slams und Varietébühnen auf. Seit 2009 Mitglied der »Surfpoeten«. Lebt nun in Kaiserslautern und arbeitet dort als Deutschlehrer. Veröffentlicht gelegentlich in Anthologien (z.B. »Fruchtfleisch ist auch keine Lösung«, Satyr) und schreibt seit ca. zwei Jahren am Vorwort seines Debütromans, und man kann sagen: Es wird besser und besser.

Jess Jochimsen lebt als Autor, Kabarettist und Fotograf in Freiburg. Seine Bücher erscheinen im Deutschen Taschenbuchverlag. www.jessjochimsen.de
Sein Beitrag findet sich in veränderter Form in seinem Roman »Bellboy oder: Ich schulde Paul einen Sommer« (München: 2005). Abdruck mit freundlicher Genehmigung von dtv.

Joey Juschka schreibt, und das in Berlin. Sie ist Perfektionistin und schreibt deswegen perfekte Prosa (www.joeyjuschka.com). Joey Juschkas perfekte Prosa ist käuflich – bestellbar, auf Maß geschneidert, ein Unikat: www.wunschgeschichte.de

Karsten Lampe irrte die ersten 20 Jahre seines Lebens durch ein Feld voll Brandenburger Weizen. Man nennt ihn auch den »Meister der Broteske«.

Sebastian Lehmann, lebt seit 2003 in Berlin und ist Mitglied der Kreuzberger Lesebühne »Lesedüne«, tritt auf Bühnen in ganz Deutschland auf und moderiert den »Kreuzberg Slam«. 2011 erschien sein Episodenroman »Sebastian. Oder das Leben ist nur ein Schluck aus der Flasche der Geschichte« (Satyr) und 2012 das Lesedünen-Buch »Über Wachen und Schlafen« (Voland & Quist). www.sebastian-lehmann.blogspot.com

Jacinta Nandi wurde 1980 in Ost-London geboren und kam mit zwanzig nach Berlin. Sie schreibt den »Amok-Mama«-Blog« für das englischsprachige Stadtmagazin »Exberliner«. Darüber hinaus ist sie Mitglied der Lesebühnen »Rakete 2000« und »Surfpoeten«. 2011 erschien ihr erstes Buch bei Periplaneta: »Deutsch werden: Why German people love playing frisbee with their nana naked«.

Kathrin Passig lebt als Schriftstellerin und Bloggerin in Berlin. 2006 gewann sie den renommierten Ingeborg-Bachmann-Preis. Ihr Buch »Die Wahl der Qual. Handbuch für Sadomasochisten und solche, die es werden wollen« (Ko-Autorin: Ira Strübel) wurde 2009 neu aufgelegt (Rowohlt-Verlag).

Peter Parkster aus Nürnberg ist Informatiker, nutellaabhängig, Poetry Slammer und der Meinung, dass Sex immer Spaß machen sollte. Beiden. Oder besser allen Beteiligten. Auch dem Kameramann.

Isabella Renitente ist freischaffende Besserwisserin, eingefleischte Vegetarierin und mäßig talentierte Flamencoelevin. Sie lebt mit ihrem Kater Sir Henry und seiner rotgestreiften Gefährtin Lady Amelie Rednose im Norden von Hannover. Im Februar 2012 erschienen unter dem Titel »Spot(t)light« ihre satirischen Miniaturen.

Robert Rescue ist Mitglied mehrerer Berliner Lesebühnen. Mit dem Text »Ein Akt der Freundschaft« verarbeitet er ein jahrelang unverarbeitetes Geschehen. Sein Sexleben ist durchschnittlich und eher unaufgeregt.

Dan Richter ist ein Berliner Autor und Improvisationskünstler.

Christian Ritter ist vor allem als schnodderiger Moderator seiner Poetry Slams in Würzburg und Bamberg bekannt, die er als Plattform missbraucht, um Geschichten aus seinem Leben zu erzählen und Seife zu essen. Nebenbei liest er überall Geschichten vor, wo deutsch gesprochen wird und es Freibier gibt, und schreibt Romane und Kurzgeschichtenbücher. Zuletzt erschienen: »Dichter schlachten« (Unsichtbar Verlag) und »Moderne Paare teilen sich die Frauenarbeit« (Lektora). www.büscharei.de

Sabrina Schauer, seit 2009 Poetry Slammerin; Hamburger Vizestadtmeisterin, Drittplatzierte des NRW-Slams und Teilnehmerin an den Deutschsprachigen Meisterschaften 2010. Schreibt gerne über Liebe, Liebe, Liebe; zu hören in dem Spoken-Word-Album »Die Liebenden«. www.sabrinaschauer.com

Xóchil A. Schütz, geboren 1975, ist Autorin und Slam-Poetin. Sie veröffentlichte bisher u.a. Gedichte, Kurzgeschichten, ein Hörspiel sowie zwei Romane. www.xochillen.de

Sven Stickling ist Autor, Schauspieler, Moderator und Poetry Slammer aus Bielefeld. Er kam Anfang der Achtziger im Herzen Ostwestfalens zur Welt und leidet bis heute darunter. Aus diesem Grund schreibt und slammt er.

Andy Strauß, geboren im denkmalgeschützten Kofferraum eines VW Scirocco, lebt auch heute noch als freier Künstler vorwiegend in Kraftfahrzeugen. Weil das Leben an sich so dufte ist, versucht er, nicht zu sterben. www.establishmensch.de

Lea Streisand lebt, liest und schreibt in Berlin bei den »Surfpoeten«, »Rakete 2000« und der »taz«. Ihr letztes Buch heißt »Berlin ist eine Dorfkneipe« (Periplaneta: 2012). www.leastreisand.de

Birgit Süß, 1966 in Augsburg geboren, lebt seit 1990 in Würzburg und arbeitet dort als Sängerin, Schauspielerin, Komödiantin und Radiomoderatorin. www.birgitsuess.de

Mischa-Sarim Vérollet, anglodeutscher Autor, wurde 1981 in Gibraltar geboren, wuchs in Bielefeld auf, wohnte in Berlin und lebt mittlerweile mit Frau, Hund und Katze in Wien. www.mischa.tv
Im Frühjahr 2013 erscheint sein neuer Kurzgeschichtenband »Irgendwas mit Menschen«, dem auch der hier abgedruckte Text entnommen ist (© Carlsen Verlag 2012).

Nico Walser ist gerade zum ersten Mal Vater geworden. Der »Pantoffel Punk« wuchs in und um Hannover auf und lebt heute im Bergischen Land. Viele schöne Dinge und auch eine berufliche Imponierliste finden sich unter: www.nicowalser.de

Andreas Weber ist Münsteraner. Kurze Zeit lockten die Verheißungen der Großstadt, aber nach einem Jahr kehrte er zu seinem Acker zurück. Er ist Teil der Lesebühne »[Die2]drei«, wofür er Selbstironisches abliefert. Gerade erschien sein Roman »Radau« (Unsichtbar Verlag).

Georg Weisfeld, geboren 1975 in Bremen, ist Kabarettist, Lesebühnenautor und Kleiderbügeldurchsteiger. Schreibt gerade an der Superhelden-Saga »Hartz-Four – Vier Superhelden im Kampf für Hartz-IV-Empfänger«. www.weisfeld.de

Heiko Werning (geboren 1970 in Münster, wiedergeboren 1991 im Berliner Wedding) ist Reptilienforscher aus Berufung, Froschbeschützer aus Notwendigkeit, Schriftsteller aus Gründen und Liedermacher aus Leidenschaft. Er schreibt regelmäßig für »Titanic«, »taz« und »Jungle World«, bloggt im »Reptilienfonds« und betätigt sich als Hobby-Plattenmogul. Letzte Geschichtensammlung: »Schlimme Nächte« (Edition Tiamat: 2012)

Joachim Zawischa lebt in der Nähe von Hamburg, ist Kabarettist und Schauspieler, studierte Musikpädagogik und Theologie, 1998 erste Veröffentlichung (CD »Blinder Passagier«), ist mehrfacher Preisträger u.a. für sein Kabarettprogramm »Vorn ist Hinten«.

Gerlis Zillgens lebt und arbeitet als freie Autorin in Köln. Sie verfasst seit vielen Jahren Romane und Kurzgeschichten, schreibt Drehbücher, tourt als Kabarettistin durchs Land und veranstaltet ausgesprochen gerne Lesungen. Ansonsten liebt sie noch den Rhein, den Vorgebirgspark und ganz besonders ... Salsa-Tanzen.

Weitere Satyr-Anthologien informieren über Gentrifizierung, fleischlose Ernährung, Pubertät, Gott und noch mehr Sex:

www.satyr-verlag.de